「みやざき」は可能性に満ちている

『外貨を稼ぎ循環をおこす』[改訂増補版]

緒方 哲 著
Satoshi Ogata

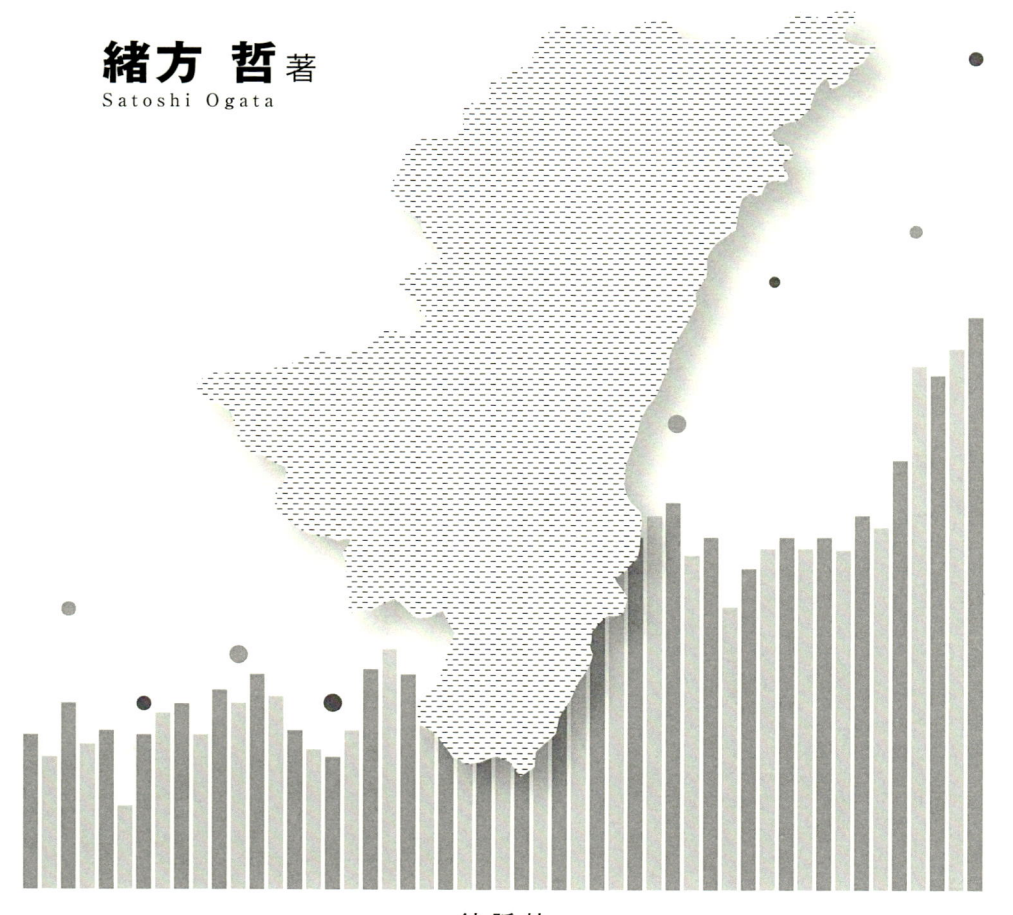

鉱脈社

平成27年1月に、『外貨を稼ぎ循環を起こす』を出版して早くも3年が経過しました。

　その間、手紙やメール、電話、あるいは講演の中での直接の対面などにより、たくさんの方々から多くの励ましの言葉をいただきました。「宮崎の経済がよく分かった」「頭の整理ができた」等々。その中には、「今度は、宮崎の中小企業の皆さんが元気になる本を期待したい」との声もありました。また、宮崎県議会においても、複数の議員から質問に絡めてご紹介いただきました。

　一方で、「みやざき」を取り巻く大きな変化を感じるようになってきています。それは、人口減少のスピードがいよいよ加速されたことです。年間1万人前後の人口減少を迎えるステージが現実のものとなりつつあります。

　この急激な変化は予測されていたとはいえ、いざ現実のものになると大きな衝撃を各方面に与えざるを得ません。すでに現実の企業活動において、需要の縮小圧力はもとより、急激な人手不足をもたらしています。

　私自身、時間の経過の中で、「もう少しきめ細かく分析すればよかった」などの反省点も出てきました。稼ぐ力を強くする3つのポイント、「売り込み」「呼び込み」「置き換える」の方向性を突き詰めていくと、「みやざき」の持っている多様性という強みや、その多様性からくるしなやかさ、さらには発展可能性を、より幅広く、より深く探っていく「宝さがし」の旅に誘われるように思えてきます。

　このような本県経済を取り巻く環境変化や読者の期待、私自身の気づきなどから、再び、「みやざき」にある地域資源を見つめ直し、より実効性ある地方創生に向けての取り組みを提言し、県民の皆様に自信と誇りを持っていただきたいとの気持ちが生まれたところです。

　本書は、環境変化の現状や迫られる対応をできるだけわかりやすく、さらには本県の企業経営や地域づくりの現場をより身近なものに感じていただきたいとの思いで、多くの図表を活用・紹介しました。「みやざき」をこよなく愛するすべての人々のハンドブックとなることを期待するものです。

　　平成30年春

目次
contents

図表目次

第 **1** 章
宮崎県の経済社会の現状と直面する現実

第1章では、本県経済の規模や推移、全国での位置付けなどを確認するとともに、経済の規模や推移に密接に関連していると考えられる人口動態などを確認し、本県の特徴を明らかにします。また、本県が置かれている3つの格差の実態を踏まえ、「みやざき」の発展可能性の認識の重要性を考えます。

第1節 「0.7%経済」
—— 宮崎県経済の現状と課題

● 「0.7%経済」とは

　本書のテーマである「稼ぐ力」を示す重要な指標が「県内総生産」です。これは１年間に生まれた付加価値の合計ですが、宮崎県のそれは、平成26年度が３兆6,434億円、全国シェアは0.708％となっています。このことをさして、本書では、宮崎県経済を「0.7％経済」と表現したいと思います。

　本県の全国における位置づけを表現する場合に、「１％うんぬん」と表すことがありますが、こと経済面では、データの入手可能な昭和30年度以降をみると、昭和30年度0.853％とすでに１％を下回っており、同33年度には0.725％と、現在と同レベルにまで落ちています。その後、「0.7％」を挟み微増減を繰り返し、近年は、「0.7％」が全国シェアの定位置となっています。「１％」は、全国との比較を大まかに把握する場合には便利な数字ですが、後述する県民所得と若者流出との関連性が強く意識されつつある今日、より実態に近い数値である「0.7％」を使用することは大きな意味があると考えます。では、どのような経過をたどって「0.7％経済」になったのか。戦後60年間の推移や各県との比較を通じて確認します。

● 「0.7%経済」の現実

　「0.7％経済」は、様々な側面に影響を及ぼしています。

　まず、県民所得への影響について確認します。県民所得は、県内総生産から固定資本減耗を控除し、消費税等の間接税、補助金、所得収支などの影響を調整し得られ、県民や企業への分配のもととなります。その推移は、県内総生産とほぼ同じような動きを示しています。

　次に、「県民所得」を人口で除した１人当たり県民所得の戦前からの推移と各県との比較、若者流出との関連性、さらには働く者の最低賃金等の推

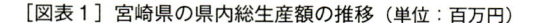

1-1-❶ 県内総生産は３兆6,434億円。ここ15年は横ばいがつづく

[図表１] 宮崎県の県内総生産額の推移（単位：百万円）

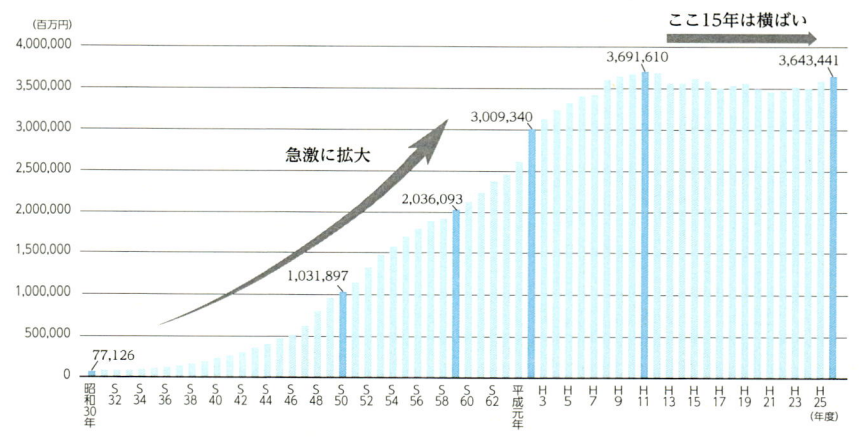

出典：内閣府資料に基づき筆者作成
注 ：昭和30年度から昭和49年度までは、68SNA昭和55年度基準。昭和50年度
から平成元年度までは68SNA平成2年度基準。平成2年度から平成7年度
までは93SNA平成7年度基準。平成8年度から平成12年度までは93SNA平
成12年度基準。平成13年度から平成26年度までは、93SNA平成17年度基
準（以下、図表2、3、4、5、6、7、8において同じです）

移と各県との比較、売り上げ100億円超の企業数などによって、「0.7％経済」
がもたらす本県の経済社会の実相を確認します。

　昭和30年度は日本経済が戦後復興から高度経済成長への転換の年になりま
す。この昭和30年度以降の宮崎県の県内総生産（名目）の推移を見たのが図表
１です。昭和30年度に771億2,600万円であったものが、昭和33年度に前年度
比マイナスとなったものの、特に昭和40年代後半から急激に拡大しました。
昭和50年度には１兆円を、昭和59年度には２兆円を、平成２年度には３兆円
を超えるなど順調に推移し、平成11年度は３兆6,916億円とピークに達しま
した。その後、３兆5,000億円を挟み小刻みな増減を繰り返しながら平成25
年度までの15年間ほぼ横ばいで推移し、平成26年度は３兆6,434億円とやや
上向きとなっています。

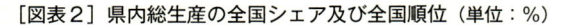

1-1-❷ 全国シェアは0.7%前後、全国順位は37〜42位で推移

［図表2］県内総生産の全国シェア及び全国順位（単位：%）

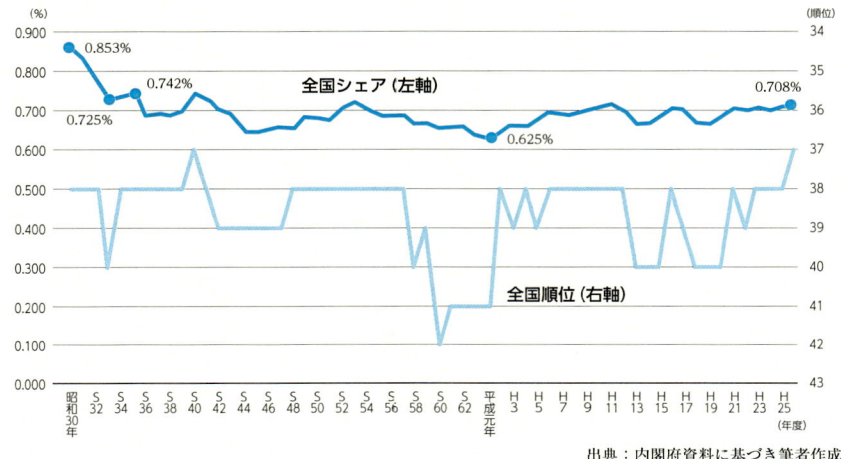

出典：内閣府資料に基づき筆者作成

　また、同期間の県内総生産額の全国シェアと全国順位の推移をみたのが図表2です。

　まず、全国シェアは、昭和30年度に0.853%であったものが急速に低下し、昭和33年度には0.725%となり、その後、上げ下げはあるものの全体的にはシェアを落としながら推移し、平成元年度には0.625%まで低下しました。その後上昇に転じ、平成26年度は前述のとおり0.708%となっています。本県経済はほぼ半世紀以上にわたって「0.7%経済」と言える状態が続いています。

　県内総生産額が順調に増加（図表1）しながらも全国シェアを低下させ続けるということは、本県がこの期間の日本経済の上昇の流れに乗り切れていなかったことを意味しています。

　一方、全国順位は、全国シェアの推移とは必ずしも連動せず、37位と42位との間で推移しています。近年の動きはやや上昇傾向にあります。

[図表３]　九州各県の全国シェアの推移（単位：％）

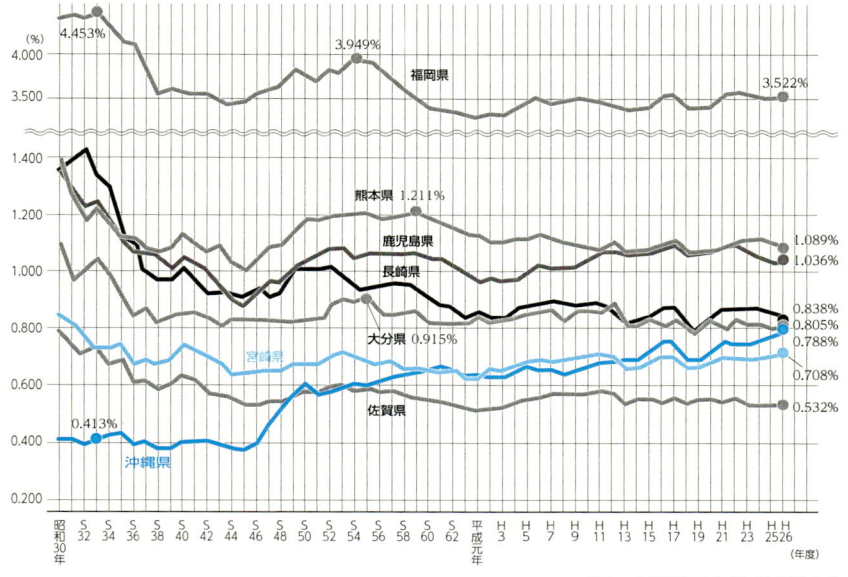

出典：内閣府資料に基づき筆者作成

　九州各県の全国シェアの推移をみる（図表３）と、沖縄県を除く各県とも昭和30年度から昭和40年代半ばまでシェアを低下させたのち、いったんは上昇に転じ昭和50年代半ばまで推移したのち、再び減少に転じ、その後横ばいとなっています。

　こうしたなか、沖縄県は、昭和30年度から昭和45年度まで0.4％前後で推移したのち、昭和46年度から47年度にかけての本土復帰のなかで急速な上昇に転じ、昭和50年度には0.6％に達しています。昭和55年度頃には佐賀県を、平成13年度には宮崎県を上回り、平成26年度は0.79％までそのシェアを高めています。沖縄県の存在感が次第に増しています。

1-1-④ シェアを高めている東京圏域、シェアを低下させる大阪圏域

[図表4] 九州圏域と三大都市圏域のシェアの推移（単位：%）

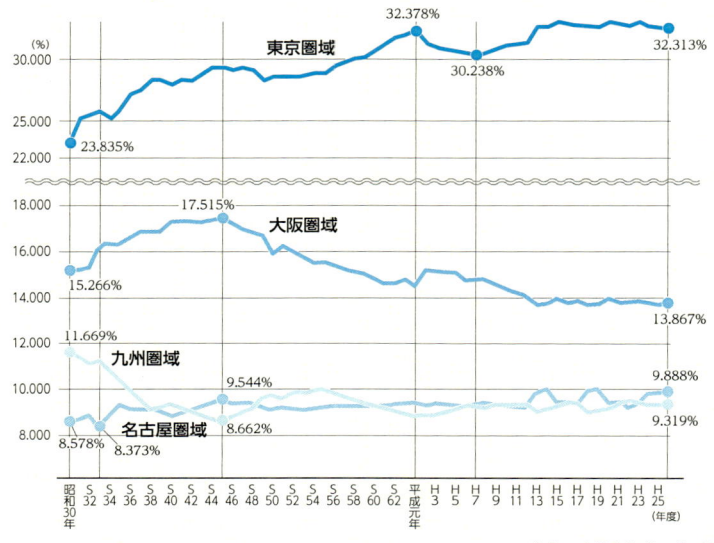

出典：内閣府資料に基づき筆者作成

　圏域別にみる（図表4）と、九州圏域（九州7県と沖縄県）は昭和30年度11.7％をピークに急激にシェアを低下させ、その後、緩やかな増減を繰り返しながら平成26年度は9.3％となっています。

　大阪圏域（京都府、大阪府、兵庫県、奈良県）は、昭和45年度にはピークの17.5％に達し、その後は減少を続け、平成13年度には13.9％まで低下。その後ほぼ横ばいで推移しています。

　名古屋圏域（岐阜県、愛知県、三重県）は、昭和30年度の8.6％からいったんは低下したものの上昇に転じ9.0％強で推移し、平成26年度は9.9％となっています。

　東京圏域（埼玉県、千葉県、東京都、神奈川県）は、昭和30年度23.8％であったものが、平成元年度には32.4％と大きくシェアを高め、他圏域、特に大阪圏域のシェアを吸収する形で推移しています。昭和50年代後半から平成にかけて経済の力が東京圏域へ集中していったことが窺えます。

この20年間、トンネルから抜け出られない宮崎県経済

[図表５] 宮崎県の県民所得の推移（単位：百万円）

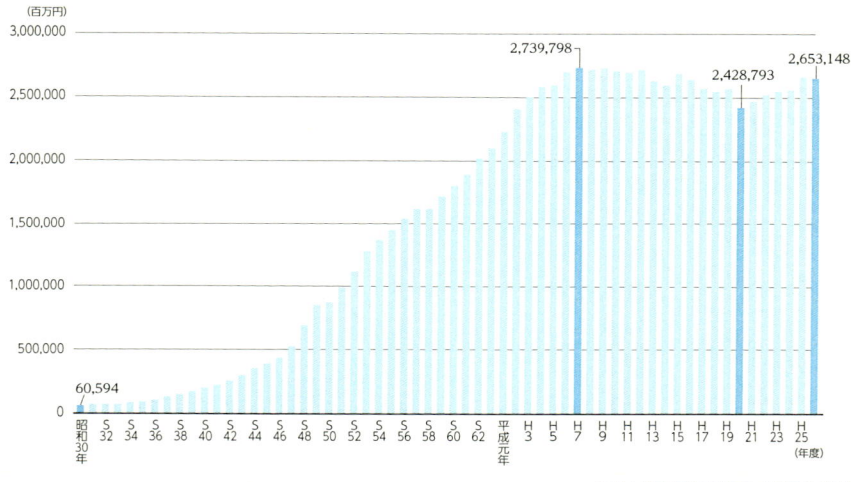

出典：内閣府資料に基づき筆者作成

　昭和30年度以降の宮崎県の県民所得の推移は**図表５**のとおりです。昭和30年度の606億円から順調に増加し、平成７年度にはピークの２兆7,398億円に達しました。その後、平成20年度の２兆4,288億円まで緩やかに後退したのち上昇に転じ、平成26年度は２兆6,531億円となっています。

　この県民所得を人口で割ったものが「１人当たり県民所得」です。その推移は、当然のことながら、県民所得の動きと軌を一にしています。その推移を表したのが**図表６**です。ピークとなった平成７年度以降は、緩やかに減少したのち平成21年度から上昇に転じています。

　県内総生産、県民所得、１人当たり県民所得の３つの指標の推移を一覧にしたものが**図表７**です。３指標とも、戦後の高度経済成長の急速な伸びに比して、バブル崩壊後の平成７年度頃をピークに平成26年度まで約20年間、緩やかな減少から上昇への動きはみられるものの、ほぼ横ばいで推移しています。長いトンネルから抜け出ていないことが確認できます。

[図表6] 宮崎県の1人当たり県民所得（単位：千円）

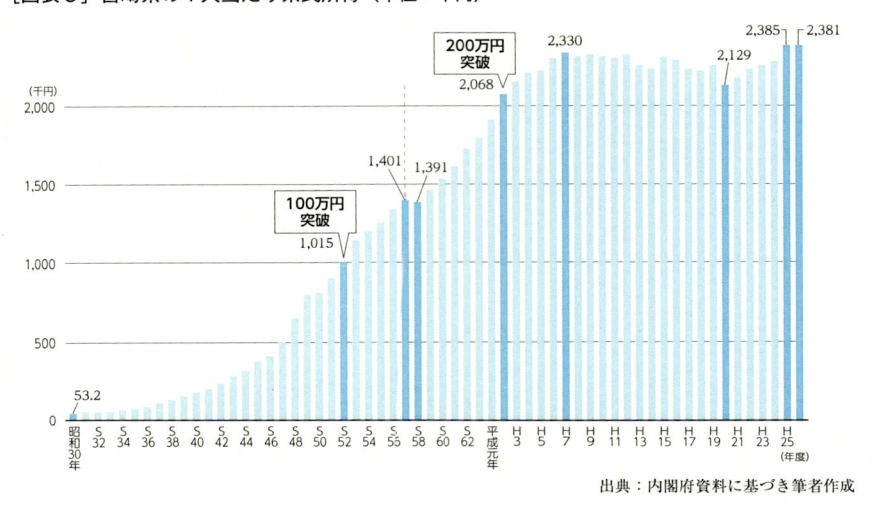

出典：内閣府資料に基づき筆者作成

[図表7] 宮崎県の県内総生産、県民所得、1人当たり県民所得の推移（単位：百万円、千円）

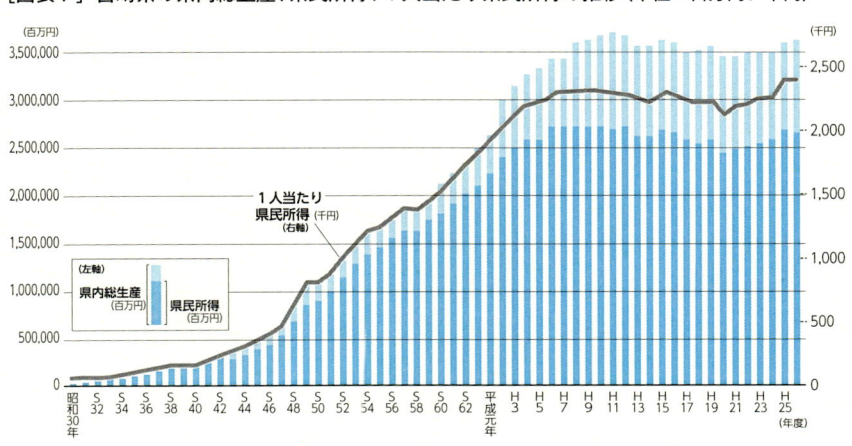

出典：内閣府資料に基づき筆者作成

[図表８] 宮崎県の１人当たり県民所得の全国平均との割合（左軸）と全国順位（右軸）の推移

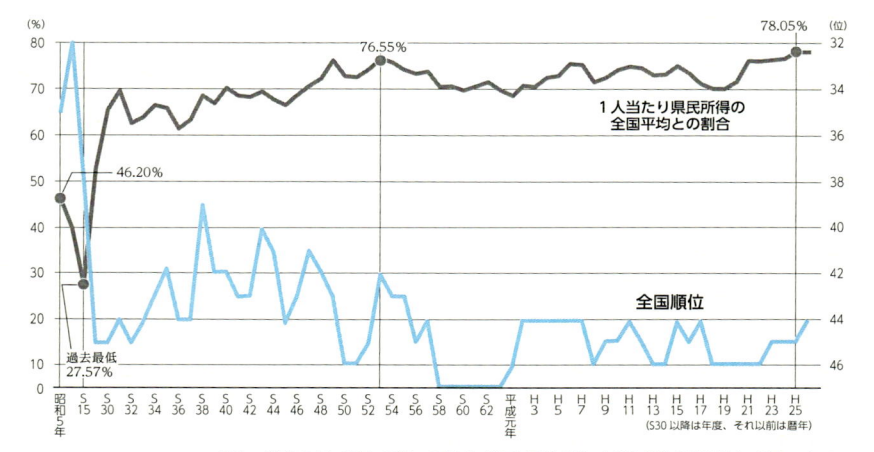

出典：昭和５年、10年、15年、25年は「昭和国勢総覧（東洋経済新報社）」、昭和20年はデータなし、昭和30年度以降は内閣府資料に基づき筆者作成

　１人当たり県民所得の全国平均との割合及び全国順位の推移を、戦前の昭和５年から確認したものが図表８と図表９です。

　全国平均との割合では、昭和５年の46.2％から昭和15年には過去最低の27.6％にまで落ち込んだ後、次第にウエイトを高め、昭和53年度には76.6％となりました。近年は76～78％で推移しています。

　１人当たり県民所得の全国順位は、昭和５年の第35位から昭和10年には第32位まで上昇したのち、昭和25年は第45位に落ち込んでいます。戦後復興期を経る過程で、本県経済は相対的に地盤沈下していったことが窺えます。

　その後次第に上昇し、昭和38年度にいったんは第39位に伸びたものの再び落ち込み、昭和58年度からの６年間は第47位（全国最下位）となっています。平成２年に第44位といったんは上昇しますが、第44位と第46位の間が近年の定位置となっています。

1-1-❼　所得の低い所から高い所に若者が流出？

[図表９]　１人当たり県民所得の都道府県ごと・20年ごとの金額及び全国順位の推移

順位	昭和5年	円	昭和25年	円	昭和45年度	千円	平成2年度	千円	平成22年度	千円
1	東京都	576	東京都	90,077	東京都	828.1	東京都	4,139	東京都	4,453
2	大阪府	447	大阪府	66,987	大阪府	741.4	大阪府	3,596	滋賀県	3,232
3	兵庫県	330	神奈川県	55,201	愛知県	668.0	愛知県	3,318	静岡県	3,122
4	京都府	303	兵庫県	49,629	神奈川県	657.6	愛知県	3,219	愛知県	3,117
5	神奈川県	218	京都府	45,894	京都府	614.5	埼玉県	3,135	栃木県	3,055
6	愛知県	192	愛知県	41,582	兵庫県	604.6	富山県	3,087	富山県	3,054
7	福岡県	162	福岡県	40,379	広島県	591.7	千葉県	3,079	茨城県	2,979
8	山口県	143	埼玉県	38,001	静岡県	570.0	滋賀県	3,032	三重県	2,955
9	広島県	142	静岡県	37,650	千葉県	559.1	茨城県	3,025	神奈川県	2,917
10	岡山県	136	山口県	37,429	埼玉県	558.5	静岡県	3,004	大阪府	2,913
11	熊本県	132	北海道	37,265	三重県	555.7	京都府	2,882	京都府	2,896
12	富山県	130	愛媛県	36,787	岡山県	542.0	広島県	2,850	広島県	2,893
13	三重県	129	和歌山県	35,873	滋賀県	534.2	栃木県	2,841	福井県	2,873
14	滋賀県	127	富山県	34,363	岐阜県	527.3	山梨県	2,813	千葉県	2,868
15	北海道	121	石川県	34,157	石川県	522.3	岐阜県	2,780	山口県	2,854
16	和歌山県	116	佐賀県	33,603	長野県	521.4	岡山県	2,759	群馬県	2,845
17	奈良県	116	岡山県	33,219	富山県	521.0	奈良県	2,753	埼玉県	2,818
18	大分県	113	香川県	32,140	香川県	518.5	兵庫県	2,751	山梨県	2,787
19	石川県	112	滋賀県	31,247	山口県	508.3	群馬県	2,748	石川県	2,783
20	静岡県	110	広島県	31,112	奈良県	503.4	長野県	2,704	徳島県	2,758
21	愛媛県	110	長崎県	31,023	福岡県	495.8	三重県	2,694	福岡県	2,741
22	宮城県	110	三重県	30,878	群馬県	492.2	石川県	2,686	兵庫県	2,734
23	長崎県	105	千葉県	30,748	北海道	491.9	福井県	2,594	香川県	2,721
24	鳥取県	104	奈良県	30,726	和歌山県	491.2	山口県	2,540	岐阜県	2,650
25	福井県	102	新潟県	30,481	新潟県	487.9	福岡県	2,533	長野県	2,639
26	群馬県	99	宮城県	30,327	愛媛県	481.2	香川県	2,505	和歌山県	2,631
27	島根県	99	高知県	30,155	栃木県	472.4	鳥取県	2,473	岡山県	2,613
28	新潟県	98	岐阜県	29,581	福井県	463.1	徳島県	2,462	新潟県	2,608
29	栃木県	97	秋田県	29,452	茨城県	460.6	宮城県	2,441	大分県	2,533
30	岐阜県	96	長野県	29,178	徳島県	457.4	新潟県	2,428	福島県	2,532
31	佐賀県	91	青森県	28,936	宮城県	450.2	福島県	2,428	愛媛県	2,492
32	山梨県	90	香川県	28,280	山梨県	446.2	北海道	2,409	奈良県	2,489
33	山形県	88	鳥取県	28,190	高知県	434.5	大分県	2,375	佐賀県	2,480
34	埼玉県	85	栃木県	28,127	鳥取県	428.5	山形県	2,321	北海道	2,462
35	宮崎県	85	群馬県	27,372	秋田県	422.2	和歌山県	2,312	宮城県	2,438
36	香川県	84	熊本県	26,851	山形県	417.5	愛媛県	2,248	鹿児島県	2,398
37	秋田県	83	福島県	26,773	福島県	408.6	熊本県	2,231	山形県	2,366
38	高知県	79	福岡県	26,369	佐賀県	406.5	島根県	2,217	長崎県	2,346
39	長野県	79	島根県	26,361	大分県	386.8	青森県	2,211	熊本県	2,338
40	千葉県	78	岩手県	26,118	青森県	384.4	佐賀県	2,208	青森県	2,322
41	徳島県	73	大分県	25,808	岩手県	384.0	岩手県	2,196	高知県	2,307
42	岩手県	71	山梨県	24,234	熊本県	382.0	秋田県	2,181	島根県	2,292
43	茨城県	70	茨城県	23,360	長崎県	378.1	高知県	2,116	秋田県	2,280
44	鹿児島県	70	徳島県	20,744	宮崎県	377.3	宮崎県	2,068	岩手県	2,266
45	青森県	69	宮崎県	20,676	島根県	367.1	鹿児島県	2,066	鳥取県	2,259
46	福島県	64	鹿児島県	18,139	鹿児島県	322.9	長崎県	2,001	宮崎県	2,226
47							沖縄県	1,892	沖縄県	2,022

出典：昭和5年、25年は「昭和国勢総覧（東洋経済新報社）」、昭和45年度以降は内閣府資料に基づき筆者作成

ちなみに、昭和５年を起点に20年ごとの都道府県の１人当たり県民所得の全国順位を確認したものが**図表９**です。

　これによると、東京都は全国の地方自治体の中でも常に全国トップの地位を占めています。このほか、神奈川県、埼玉県、千葉県などの東京圏、茨城県、栃木県などの関東圏は大きく順位を上げています。

　一方、大阪府は、平成２年度までは全国２位の地位を占めていましたが、平成22年度には、10位に落ち込んでいます。〝大阪の地盤沈下〟を象徴するかのような推移を示しています。大阪圏域に属する兵庫県、京都府、奈良県なども順位を大きく下げています。

　特に目を引くのが滋賀県です。昭和25年に第19位に落ち込んだものの昭和45年度、平成２年度と着実に伸ばし、平成22年度には全国第２位になりました。また、高校卒業者の新規就職者のうち県内就職率の高い富山県も全国上位に入っています。滋賀県も県内就職率が高くなっています。

　高校卒業者の新規就職者のうち県外就職率の高い（県内就職率の低い）宮崎県、鹿児島県、青森県などが、１人当たり県民所得の全国下位に低迷していることが確認できます。

　富山県、滋賀県と宮崎県などを比べてみるとき、若者の定着と、１人当たり県民所得の相対的位置づけとの相関関係が窺えます。

1-1-❽　働く者の賃金（報酬）も全国最下位クラス

　「稼ぐ力」の源泉である県内総生産とそこから導かれる県民所得及び1人当たり県民所得の実数や長期にわたる推移、全国での位置づけ等を確認してきました。結果として、本県の〝稼ぐ力〟は全国レベルからみて極めて弱く、したがって県民所得及び1人当たり県民所得も低位で推移していると言わざるを得ません。

　このことを別の側面からみていきましょう。最低賃金は、**図表10**のとおり、全国最下位クラスとなっています。また、1人当たり県民雇用者報酬も**図表11**のとおり最下位レベルとなっています。ただ、この間の1人当たり県民雇用者報酬が全国的に各県ともほぼ横這いもしくは下降気味であることは、〝失われた20年〟といわれる日本経済の課題を示すものとして注目されるところです。

　この低賃金下にあって、後述するように若者の県外流出もとどまるところを知りません。これらは、結果であるとともに、原因ともなっているといえます。まさに原因と結果の負のスパイラルとなっています。

　地域社会の持続的維持発展を図るためには、「ひと」が元気でいてこそです。そのためには、なんとしてでも本県産業の稼ぐ力をつけるとともに、労働分配率を高めて雇用者の所得増を図る必要があります。同時に、本書では議論しませんが、若者が定住するための魅力あるまちづくりを行う必要があります。

[図表10] 都道府県ごとの最低賃金の推移（単位：円）

	H22年度	H29年度
北 海 道	691	810
青 森 県	645	738
岩 手 県	644	738
宮 城 県	674	772
秋 田 県	645	738
山 形 県	645	739
福 島 県	657	748
茨 城 県	690	796
栃 木 県	697	800
群 馬 県	688	783
埼 玉 県	750	871
千 葉 県	744	868
東 京 都	821	958
神 奈 川 県	818	956
新 潟 県	681	778
富 山 県	691	795
石 川 県	686	781
福 井 県	683	778
山 梨 県	689	784
長 野 県	693	795
岐 阜 県	706	800
静 岡 県	725	832
愛 知 県	745	871
三 重 県	714	820
滋 賀 県	706	813
京 都 府	749	856
大 阪 府	779	909
兵 庫 県	734	844
奈 良 県	691	786
和 歌 山 県	684	777
鳥 取 県	642	738
島 根 県	642	740
岡 山 県	683	781
広 島 県	704	818
山 口 県	681	777
徳 島 県	645	740
香 川 県	664	766
愛 媛 県	644	739
高 知 県	642	737
福 岡 県	692	789
佐 賀 県	642	737
長 崎 県	642	737
熊 本 県	643	737
大 分 県	643	737
宮 崎 県	642	737
鹿 児 島 県	642	737
沖 縄 県	642	737
全 国	730	848

出典：「都道府県のすがた」及び厚生労働省資料により筆者作成

[図表11] 雇用者1人当たり県民雇用者報酬額（単位：千円）

	H18年度	H20年度	H22年度	H24年度	H26年度
北 海 道	4,414	4,325	4,311	4,394	4,368
青 森 県	3,954	3,877	3,673	3,693	3,804
岩 手 県	4,036	3,967	3,855	3,858	3,857
宮 城 県	4,308	4,195	4,251	4,318	4,370
秋 田 県	3,608	3,445	3,482	3,481	3,475
山 形 県	4,227	4,145	3,942	3,908	3,911
福 島 県	4,196	4,136	4,073	4,183	4,252
茨 城 県	4,459	4,548	4,493	4,497	4,477
栃 木 県	4,635	4,688	4,664	4,862	4,853
群 馬 県	4,462	4,467	4,246	4,279	4,338
埼 玉 県	4,710	4,848	4,671	4,645	4,628
千 葉 県	4,851	4,910	4,657	4,680	4,654
東 京 都	6,412	6,626	6,335	6,321	6,328
神 奈 川 県	5,186	5,167	5,085	5,072	5,073
新 潟 県	4,306	4,252	4,096	4,141	4,212
富 山 県	4,514	4,369	4,132	4,104	4,112
石 川 県	4,545	4,440	4,133	4,002	4,070
福 井 県	4,224	4,243	4,116	4,051	4,153
山 梨 県	4,755	4,654	4,506	4,524	4,503
長 野 県	4,612	4,634	4,443	4,504	4,622
岐 阜 県	4,217	4,255	4,174	4,029	4,160
静 岡 県	4,532	4,560	4,283	4,326	4,323
愛 知 県	4,964	4,810	4,556	4,573	4,713
三 重 県	4,785	4,576	4,401	4,462	4,553
滋 賀 県	4,507	4,346	4,207	4,355	4,440
京 都 府	4,752	4,567	4,331	4,301	4,410
大 阪 府	5,582	5,445	5,273	5,339	5,430
兵 庫 県	4,795	4,722	4,615	4,612	4,610
奈 良 県	5,437	5,144	4,935	4,695	4,743
和 歌 山 県	4,208	4,035	4,028	4,032	3,991
鳥 取 県	3,875	3,749	3,693	3,687	3,820
島 根 県	3,810	3,824	3,729	3,780	3,879
岡 山 県	4,613	4,549	4,352	4,318	4,507
広 島 県	4,683	4,581	4,325	4,286	4,477
山 口 県	4,541	4,497	4,378	4,428	4,517
徳 島 県	4,016	4,186	4,129	4,258	4,297
香 川 県	4,799	4,649	4,451	4,408	4,393
愛 媛 県	4,118	3,997	3,948	3,950	4,019
高 知 県	4,251	4,230	4,412	4,286	4,289
福 岡 県	4,589	4,535	4,408	4,434	4,582
佐 賀 県	3,760	3,591	3,192	3,150	3,218
長 崎 県	3,872	3,916	3,955	3,726	3,748
熊 本 県	3,956	4,017	3,936	3,940	4,102
大 分 県	4,270	4,182	4,086	4,096	4,122
宮 崎 県	3,889	3,813	3,719	3,707	3,761
鹿 児 島 県	3,874	3,900	3,856	3,875	3,850
沖 縄 県	3,801	3,786	3,595	3,551	3,547
全県平均	4,819	4,803	4,642	4,649	4,695

出典：内閣府資料に基づき筆者作成

1-1-⑨　**九州で最も少ない100億円企業数**

[図表12]　売上高100億円超企業数の推移

県　　名	平成25年	平成26年	平成27年	平成28年	総企業数	総企業数との比較（％）（平成26年）	うち1,000億円超企業数（平成28年）
福　岡　県	329	343	346	351	143,408	0.239	30
佐　賀　県	28	29	30	27	25,555	0.113	2
長　崎　県	28	29	29	30	43,794	0.066	1
熊　本　県	49	49	49	47	52,795	0.093	4
大　分　県	51	51	48	48	36,729	0.139	4
宮　崎　県	25	26	26	25	36,944	0.070	0
鹿　児　島　県	51	53	50	54	52,777	0.100	2
沖　縄　県	47	53	56	53	49,231	0.108	3
計	608	633	634	635	441,233	0.143	46

出典：売上高100億円超企業数は「㈱東京商工リサーチ」、
企業数は「平成26年経済センサス」

　「稼ぐ力」の象徴ともいえる「売上高100億円超」企業の現状を確認します。民間調査機関によると、九州内に本社を置く企業（金融業、農協等を除く）のうち売上高が100億円を超える企業は、図表12のとおりとなっています。

　宮崎県の企業数は佐賀県より多いにもかかわらず、100億円超企業数は佐賀県よりも少なく、九州では最も少ない結果となっています。なお、このうち1,000億円を超える企業は、平成28年で、福岡県30社、佐賀県2社、長崎県1社、熊本県4社、大分県4社、鹿児島県2社、沖縄県3社となっており、残念ながら宮崎県は1社もありません。

　後述するように、売上の合計（県内産出額）は、付加価値（県内総生産）を生み出す源泉となりますので、売上高100億円超企業数の多寡は、当該県の産業の勢いを示すものとして注目されます。

　　　　　　　　　※　　　　　※

　以上のような経済状況は人口とどう関係しているのでしょうか。次節では、こうした問題を念頭に置き人口動態について確認します。

第2節 人口の急激な減少とその重圧
—— 経済の明日を左右する人口動態

●人口の動態は社会・経済動向の基本

「人口構造に関わる変化ほど明白なものはない。見誤りようがない。予測が容易である。リードタイムまで明らかである。」と、ドラッカーは言っています（「時代を超える言葉」ダイヤモンド社）。

人口動態を知ることは、社会問題を考える際の基本中の基本です。年金、失業、健康などの社会保険の制度存続、消費動向など需要面への影響、人手不足や後継者問題など供給面への影響、そして何よりも社会活力の維持など多方面へ影響をもたらします。

こうした問題に対応するためには、人口全体の増減やその推移もさることながら、出生や死亡の動きを表す自然動態、県外との転出・転入の動向を表す社会動態を確認し、変化の有無やその原因を追究していく姿勢が求められます。

●毎年1万人前後の減少。2040年には県人口90万人に

「みやざきの人口早わかり」（宮崎県統計調査課。以下、単に「人口早わかり」といいます。）などによると、後述するように、昭和20年の91万3,687人から戦後復興とともに順調に増加し、昭和31年の114万7,000人で一つのピークを迎えました。高度成長期に一旦は減少するものの、オイルショックなどによる景気後退期における増加を経て、平成8年に過去最高の117万7,407人となりました。その後、少子化や若者の流出などにより減少を続け、直近の平成30年7月1日は108万503人と昭和40年とほぼ同じ規模の人口となっています。特に近年は年間1万人を超える減少もみられ、「日本の地域別将来推計人口」（H25.3推計。国立社会保障・人口問題研究所）では、平成52年（2040年）は90万508人と昭和20年の人口を下回るレベルにまで減少していくとされています。

[図表13] 宮崎県の人口動態（単位：人）

年次	総人口	自然動態			社会動態		
		出生数	死亡数	自然増減数	転入数	転出数	社会増減数
S20	913,687	22,487	28,908	-6,421			
21	957,856	22,608	22,064	544			
22	1,025,689	39,037	15,595	23,442			
23	1,040,200	41,161	12,231	28,930			
24	1,069,300	40,333	12,006	28,327			
25	1,091,427	35,305	12,629	22,676			
26	1,096,000	33,619	11,902	21,717			
27	1,103,000	31,264	10,972	20,292			
28	1,113,000	28,568	10,815	17,753			
29	1,126,000	28,084	10,353	17,731	23,633	28,443	-4,810
30	1,139,384	26,964	9,462	17,502	22,483	27,584	-5,101
31	1,147,000	26,364	9,380	16,984	20,600	29,091	-8,491
32	1,143,000	23,750	8,863	14,887	20,871	36,009	-15,138
33	1,142,000	23,990	8,558	15,432	24,054	35,099	-11,045
34	1,141,000	23,378	8,688	14,690	23,167	35,630	-12,463
35	1,134,590	21,499	8,547	12,952	24,534	40,873	-16,339
36	1,125,692	20,682	8,869	11,813	25,431	44,840	-19,409
37	1,115,710	19,585	8,856	10,729	28,534	50,048	-21,514
38	1,106,564	19,190	8,372	10,818	30,777	51,756	-20,979
39	1,099,187	18,602	8,335	10,267	32,819	52,692	-19,873
40	1,080,692	18,460	8,749	9,711	34,539	49,306	-14,767
41	1,076,900	13,376	8,075	5,301	35,846	44,712	-8,866
42	1,072,768	19,124	8,238	10,886	34,659	47,162	-12,503
43	1,066,831	17,378	8,375	9,003	35,673	49,779	-14,106
44	1,062,214	17,358	8,109	9,249	36,696	52,771	-16,075
45	1,051,105	17,007	8,655	8,352	38,100	56,032	-17,932
46	1,047,356	17,235	8,133	9,102	40,459	52,943	-12,484
47	1,049,212	17,722	7,946	9,776	41,677	49,006	-7,329
48	1,054,148	18,322	8,348	9,974	43,072	46,603	-3,531
49	1,065,373	18,758	8,084	10,674	43,089	41,914	1,175
50	1,085,055	18,142	8,270	9,872	40,520	39,559	961
51	1,097,628	18,229	8,305	9,924	40,307	36,563	3,744
52	1,111,396	18,005	8,104	9,901	40,270	36,489	3,781
53	1,123,537	17,490	8,028	9,462	37,515	34,767	2,748
54	1,136,623	17,731	7,976	9,755	36,366	33,763	2,603
55	1,151,587	16,991	8,382	8,609	34,720	33,314	1,406
56	1,159,054	16,664	8,294	8,370	34,222	35,131	-909
57	1,166,257	16,695	8,285	8,410	32,640	34,871	-2,231
58	1,169,667	16,160	8,635	7,525	30,529	34,472	-3,943
59	1,172,793	16,058	8,224	7,834	30,863	34,786	-3,923

60	1,175,543	15,262	8,355	6,907	29,421	34,361	-4,940
61	1,175,119	14,820	8,351	6,469	28,416	35,201	-6,785
62	1,175,619	14,049	8,285	5,764	28,884	33,672	-4,788
63	1,176,065	13,505	8,755	4,750	28,221	32,312	-4,091
H1	1,175,288	12,914	8,572	4,342	27,983	32,953	-4,970
2	1,168,907	12,107	8,867	3,240	27,899	32,856	-4,957
3	1,167,154	12,118	8,853	3,265	27,912	32,865	-4,953
4	1,167,280	12,032	9,110	2,922	29,479	31,444	-1,965
5	1,169,381	11,717	9,252	2,465	30,262	29,702	560
6	1,172,775	12,245	9,135	3,110	28,435	28,202	233
7	1,175,819	11,693	9,846	1,847	27,896	28,332	-436
8	1,177,407	11,792	9,320	2,472	27,747	28,535	-788
9	1,176,394	11,501	9,752	1,749	26,806	29,259	-2,453
10	1,175,535	11,335	9,790	1,545	26,580	29,194	-2,614
11	1,175,006	10,938	10,141	797	26,734	27,867	-1,133
12	1,170,007	11,037	9,906	1,131	25,606	27,908	-2,302
13	1,167,904	11,007	10,232	775	25,126	28,106	-2,980
14	1,165,763	10,657	10,181	476	24,667	27,623	-2,956
15	1,163,489	10,220	10,641	-421	24,491	26,539	-2,048
16	1,160,847	10,267	10,578	-311	23,564	26,175	-2,611
17	1,153,042	9,738	11,167	-1,429	23,059	26,724	-3,665
18	1,148,220	10,094	11,138	-1,044	22,912	26,590	-3,678
19	1,142,636	10,337	11,361	-1,024	21,864	26,608	-4,744
20	1,136,288	10,292	11,932	-1,640	21,695	25,969	-4,274
21	1,132,025	10,170	11,959	-1,789	21,696	23,982	-2,286
22	1,135,233	10,217	12,335	-2,118	19,870	22,017	-2,147
23	1,130,912	10,152	12,980	-2,828	20,737	21,932	-1,195
24	1,125,909	9,858	13,051	-3,193	19,580	21,745	-2,165
25	1,120,650	9,854	12,906	-3,052	19,236	21,976	-2,740
26	1,114,775	9,509	13,110	-3,601	18,421	21,606	-3,185
27	1,104,069	9,226	13,494	-4,268	18,326	21,788	-3,462
28	1,095,863	8,929	13,702	-4,773	17,404	21,692	-4,288

※自然増減数＝（出生－死亡）　社会増減数＝（転入－転出）
資料：自然動態は厚生労働省「人口動態調査」。社会動態は総務省「住民基本台帳人口移動報告」（昭和29年から実施）
出典：宮崎県統計調査課
注　：総人口は各年10月1日の数値。自然動態、社会動態は暦年間の数値

　まず、図表13によって、戦後から現在までの本県人口の推移を確認します。図表14は図表13をグラフ化したものです。また図表15は、本県の人口動態と経済の動きとの関連をイメージ化したものです。

　昭和21年から昭和31年までの「戦後復興期」は、本県の人口は一貫して増加しています。

[図表14] 宮崎県の人口動態の推移（単位：千人）

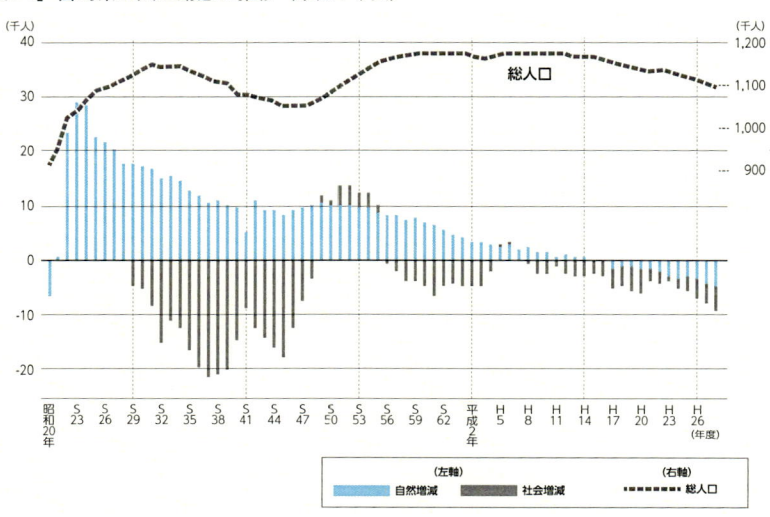

　昭和20〜21年は、外地からの引揚げや復員により人口は急激に増大し、また昭和22年からは、出生数が増えて人口全体を増加させています。

　しかし、昭和32年からは減少に転じ46年まで減少が続きます。この期間は、社会減が自然増を上回る時代でした。特に、昭和37年、38年の社会減の大きさは、昭和37年が▲21,514人（転入28,534人 — 転出50,048人）、昭和38年が▲20,979人（30,777人 — 51,756人）と、現在では想像もできない規模となっています。戦後復興期から高度成長時代にかけて、次男以下が職を求めて大都市に流出した時代でした。中学卒業生が「金の卵」といわれ「集団就職列車」がたくさんの中学卒業生を乗せて各都市へと走りました。

　本県人口は昭和47年から増加に転じ、昭和63年まで続きます。増加の要因は、自然増が社会減を上回ったことです。特に、昭和49〜55年は自然増と社会増の両面から増加するという本県にとっては幸運な時期でした。昭和46年のニクソンショックをきっかけとした社会不安、同48年のオイルショックを契機とした日本経済全体の後退期にあたり、都市への流出がみられなくったばかりでなく、都市に出ていっていた人の回帰もあったからです。

[図表15] 経済の動きと宮崎県の人口動態とのかかわり（イメージ）

		戦後復興期	高度成長期	低成長期	バブル期	バブル崩壊期	デフレ期→安定成長期	?
	年代区分	昭21〜31	昭32〜46	昭47〜63	平元〜3	平4〜8	平9〜現在	将来
総 人 口		◎	△	○	△	◎	△→▲	▲
自然増減		◎	○	○	○	○	△→△	▲
社会増減		昭29から	▲	△一部○	△	△	△→▲	▲

注 ：○は増加、◎は大幅な増加、△は減少、▲は大幅な減少。一部○は、昭和49〜55年までの増加を示します。平成5、6年は若干の社会増ですが、表中では記載していません。

　平成元〜3年まで本県人口はいったん減少しますが、平成4年以降再び増加します。平成5〜6年は自然増に加え、若干の社会増がありました。平成8年に本県人口はピークとなりました。平成2年のバブル崩壊が景気の山となって表れたのが平成3年2月ですから、その崩壊の影響が若干のタイムラグを経て地方にも波及してきた時期に当たります。

　本県人口は平成9年から減少に転じました。いよいよ人口減少時代です。「人口早わかり」によれば、平成8年から28年までの20年間で8万人減少しています。年間平均4,000人の減少ということになります。特に近年は、平成26年10月1日から27年9月30日までに10,706人の、平成27年10月1日から28年9月30日までに8,206人の減少と、その規模が大きくなっています。将来推計では、2040年には90万人へ減少していくと指摘されています。

　減少の要因は、平成9〜14年までは、自然増を上回る社会減です。平成15年以降は、自然減と社会減が重なり合っての減少となっています。

　とくに近年は、自然減と社会減の減少幅がともに大きいため、人口の減少は過去に例をみない規模、スピードで進行しています。まさに急激な人口減少時代に突入しているのです。

1-2-② 宮崎県の全国人口比は「0.87%」

[図表16] 宮崎県人口の推移（左軸）と全国に対する割合（右軸）（単位：千人、%）

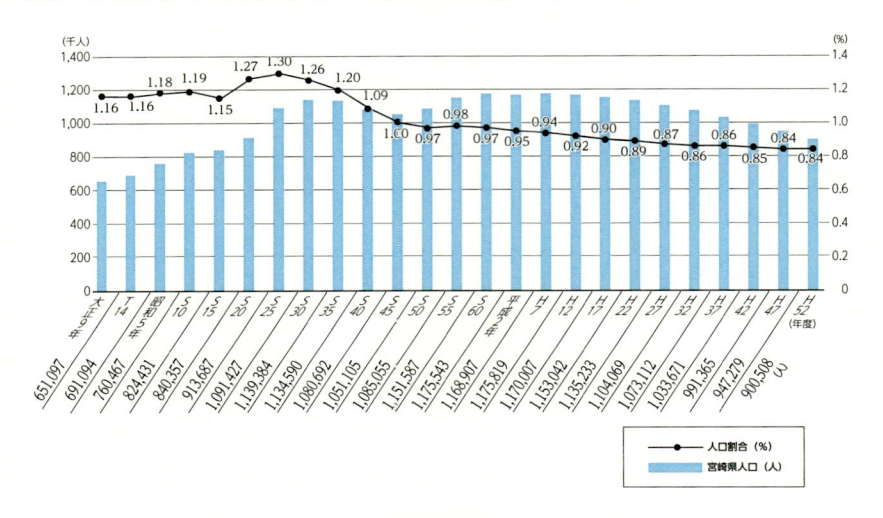

資料：平成27年までは総務省「国勢調査」。ただし、昭和20年は「人口調査」。 平成32年以降
　　　は国立社会保障・人口問題研究所「日本の地域別将来推計人口（H25.3推計）」
出典：「人口早わかり」に基づき筆者作成
注　：各年10月1日現在の数値

　本県人口の全国人口との割合を見たものが、**図表16**です。昭和25年の
1.30％をピークに年々減少し、直近では0.87％となっています。

　本県を全国と比較するとき「1％経済」などという言い方をすることがあ
りますが、これまでの推移をみると、本県人口の全国比は、昭和45年がほぼ
1％、その後、一貫してウエイトを下げ続け、平成27年の国勢調査では、
0.87％となっています。国の将来予測ではさらにウエイトを下げ続け、平成
52年（2040年）には、0.84％（90万508人）に低下していくとされています。

[図表17] 宮崎県の人口動態（自然増減）
（図表13の抜粋）

年次	自然動態		
	出生数	死亡数	自然増減数
S20	22,487	28,908	-6,421
23	41,161	12,231	28,930
24	40,333	12,006	28,327
26	33,619	11,902	21,717
28	28,568	10,815	17,753
30	26,964	9,462	17,502
32	23,750	8,863	14,887
34	23,378	8,688	14,690
36	20,682	8,869	11,813
38	19,190	8,372	10,818
40	18,460	8,749	9,711
42	19,124	8,238	10,886
44	17,358	8,109	9,249
46	17,235	8,133	9,102
49	18,758	8,084	10,674
50	18,142	8,270	9,872
52	18,005	8,104	9,901
54	17,731	7,976	9,755
56	16,664	8,294	8,370
58	16,160	8,635	7,525
60	15,262	8,355	6,907
62	14,049	8,285	5,764
H1	12,914	8,572	4,342
3	12,118	8,853	3,265
5	11,717	9,252	2,465
7	11,693	9,846	1,847
9	11,501	9,752	1,749
11	10,938	10,141	797
13	11,007	10,232	775
15	10,220	10,641	-421
17	9,738	11,167	-1,429
19	10,337	11,361	-1,024
21	10,170	11,959	-1,789
23	10,152	12,980	-2,828
25	9,854	12,906	-3,052
27	9,226	13,494	-4,268
28	8,929	13,702	-4,773

※自然増減数＝（出生−死亡）
※図表13から抜粋　出典：「人口早わかり」

図表17は図表13の本県の人口動態から自然動態を抜粋したものです。

出生数は、いわゆる「団塊の世代」（第一次ベビーブーム）である昭和23年の41,161人を第一次のピークとしていったん減少し、昭和46年からの「団塊2世代」（第二次ベビーブーム）期に上昇に転じ、昭和49年の18,758人を第二次のピークとして以降、年々減少しています。

一方、亡くなる人の数は、長寿命化によって、昭和32年から平成3年まで年間8,000人台で推移した結果、自然増の幅は、出生数の動きにほぼ連動する形で推移してきました。

しかしながら、平成11年に亡くなる人の数が10,000人を突破し、逆に出生数は減りつづけ、このあたりから自然増減は亡くなる人の数の動きと連動する形の推移となっています。そして、平成15年に戦後初めて自然減となり、平成28年の自然減の規模は▲4,773人となり、戦後最大の減少幅となりました。

1-2-④　65歳以上が県の人口の3割に

[図表18] 宮崎県の年齢5歳階級別人口
（平成27年）（単位：人）

総　数	1,104,069
100歳以上	787
95～99歳	4,411
90～94歳	15,554
85～89歳	35,508
80～84歳	53,430
75～79歳	59,068
70～74歳	64,932
65～69歳	88,745
60～64歳	86,241
55～59歳	74,784
50～54歳	66,243
45～49歳	61,711
40～44歳	70,268
35～39歳	65,550
30～34歳	57,378
25～29歳	47,064
20～24歳	41,000
15～19歳	52,298
10～14歳	51,829
5～9歳	50,583
0～4歳	47,196

注 ：総数は、年齢不詳を含む。
出典：「平成27年国勢調査人口等
　　　基本集計結果の概要」（宮崎
　　　県統計調査課）

[図表19] 宮崎県の人口ピラミッド
（平成27年）

男　　　女

[図表20] 宮崎県の将来の人口ピラミッド
（平成47年）

男　　　女

出典：「人口早わかり」

　本県の年齢5歳階級別人口をみると**図表18**のとおり、平成27年の国勢調査時点では、いわゆる団塊の世代を含む65～69歳層の人口が最も多く88,745人です。65歳以上が322,975人と全人口の29.3％を占める、いわゆる高齢化社会となっています。

　厚生労働省の「平成27年簡易生命表」によると、団塊の世代の平均余命は21.66歳から23.42歳です。亡くなる人の数を抑制していくことは、平均寿命が世界トップクラスになった現在、かなり難しいと思われます。団塊の世代が平均余命を迎える今後20年間程度は、亡くなる人の数はさらに増え、自然減は次第に拡大していくと思われます。

　今後の宮崎県の人口ピラミッドは、図表20のとおり高年齢層が相対的に分厚くなるものの全体としては急速に縮んでいくと考えられます。

合計特殊出生率は上向きになっているが
── キーワードは「両立支援」

[図表21] 宮崎県の合計特殊出生率の推移

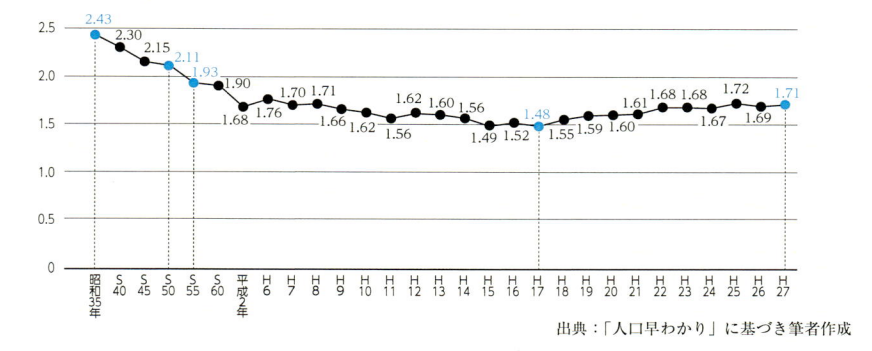

出典：「人口早わかり」に基づき筆者作成

　1人の女性が一生涯に産むと見込まれる子供の数を表す指標として、合計特殊出生率というデータが使われます。本県の合計特殊出生率をみると図表21、図表22のとおり、昭和35年に2.43であったものが、昭和50年には2.11となり、昭和55年の1.93へ人口維持に必要とされる2.07を割り込んで久しく経過しています。平成17年には1.48までに低下しました。その後やや持ち直して平成27年は1.71と全国の上位に上昇したものの、2.07とは依然大きな開きがあり、長期にわたって本県の出生数は減少していくことになります。

　合計特殊出生率を考えるときの一番の課題は、その算定根拠が統計データとして明らかになっていないことです。このため、例えば、1.71から2.07に上げるために、何人の子供が生まれる必要があるのか、分母である女性数を一定と仮定して、その実数はどれぐらい必要なのか、具体的なイメージをつかみにくいということです。

　合計特殊出生率は、一般に、15歳から49歳までの5歳区分の女性の数とその区分ごとに生まれてきた子供数との割合で算出されます。しかし、どの年齢層が最も多く子供を産んでいるのか、その実数はどうなっているのか、その推移はどうなっているのかなど基本的なデータが明らかになっていませ

[図表22]　合計特殊出生率の各県比較（平成26年を基準に上位から並べ替え）

順位	都道府県	平成17年	平成22年	平成26年	順位	都道府県	平成17年	平成22年	平成26年
1	沖 縄 県	1.72	1.87	1.86	25	福 岡 県	1.26	1.44	1.46
2	宮 崎 県	1.48	1.68	1.69	26	富 山 県	1.37	1.42	1.45
3	島 根 県	1.50	1.68	1.66	27	石 川 県	1.35	1.44	1.45
4	長 崎 県	1.45	1.61	1.66	28	三 重 県	1.36	1.51	1.45
5	熊 本 県	1.46	1.62	1.64	29	高 知 県	1.32	1.42	1.45
6	佐 賀 県	1.48	1.61	1.63	30	岩 手 県	1.41	1.46	1.44
7	鹿児島県	1.49	1.62	1.62	31	群 馬 県	1.39	1.46	1.44
8	鳥 取 県	1.47	1.54	1.60	32	茨 城 県	1.32	1.44	1.43
9	福 島 県	1.49	1.52	1.58	33	新 潟 県	1.34	1.43	1.43
10	香 川 県	1.43	1.57	1.57	34	山 梨 県	1.38	1.46	1.43
11	大 分 県	1.40	1.56	1.57	35	全 　 国	1.26	1.39	1.42
12	福 井 県	1.50	1.61	1.55	36	青 森 県	1.29	1.38	1.42
13	和歌山県	1.32	1.47	1.55	37	岐 阜 県	1.37	1.48	1.42
14	広 島 県	1.34	1.55	1.55	38	兵 庫 県	1.25	1.41	1.41
15	長 野 県	1.46	1.53	1.54	39	秋 田 県	1.34	1.31	1.34
16	山 口 県	1.38	1.56	1.54	40	千 葉 県	1.22	1.34	1.32
17	滋 賀 県	1.39	1.54	1.53	41	埼 玉 県	1.22	1.32	1.31
18	静 岡 県	1.39	1.54	1.50	42	神奈川県	1.19	1.31	1.31
19	愛 媛 県	1.35	1.50	1.50	43	大 阪 府	1.21	1.33	1.31
20	岡 山 県	1.37	1.50	1.49	44	宮 城 県	1.24	1.30	1.30
21	山 形 県	1.45	1.48	1.47	45	北 海 道	1.15	1.26	1.27
22	栃 木 県	1.40	1.44	1.46	46	奈 良 県	1.19	1.29	1.27
23	愛 知 県	1.34	1.52	1.46	47	京 都 府	1.18	1.28	1.24
24	徳 島 県	1.26	1.42	1.46	48	東 京 都	1.00	1.12	1.15

出典：「社会生活統計指標」（総務省）

　ん。どの年齢層にどう働きかけてよいのか、具体的な施策の効果を確認しづらいことが課題です。

　なお、ヨーロッパ各国の出生率については、**図表23**のとおりです。これらのことからわかることは、出典資料の説明書きにも記載されていますが、スウェーデンやフランスなど合計特殊出生率が比較的高い国は、出産・子育てと就労に関して幅広い選択ができるような「両立支援」を施策の柱にしていることです。

[図表23] 主要国の合計特殊出生率

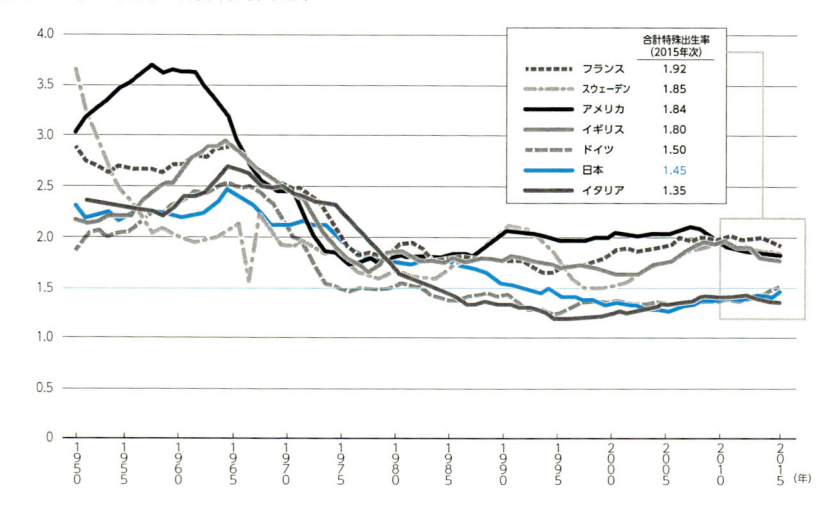

資料：1959年までUnited Nations "Demographic Yearbook"等、1960年以降はOECD Family database
　　　（2017年5月更新版）及び厚生労働省「人口動態統計」を基に内閣府作成
説明：「諸外国（フランス、スウェーデン、アメリカ、イギリス、ドイツ、イタリア）の合計特殊出生率の
　　　推移をみると、1960年代までは、全ての国で2.0以上の水準であった。その後、1970（昭和45）年
　　　から1980（昭和55）年頃にかけて、全体として低下傾向となったが、その背景には、子供の養育
　　　コストの増大、結婚・出産に対する価値観の変化、避妊の普及等があったと指摘されている。
　　　1990（平成2）年頃からは、合計特殊出生率が回復する国もみられるようになってきている。
　　　　特に、フランスやスウェーデンでは、出生率が1.5～1.6台まで低下した後、回復傾向とな
　　　り、直近ではフランスが1.92（2015〈平成27〉年）、スウェーデンが1.85（2015年）となっている。
　　　これらの国の家族政策の特徴をみると、フランスでは、かつては家族手当等の経済的支援が中
　　　心であったが、1990年代以降、保育の充実へシフトし、その後さらに出産・子育てと就労に関
　　　して幅広い選択ができるような環境整備、すなわち「両立支援」を強める方向で政策が進めら
　　　れた。スウェーデンでは、比較的早い時期から、経済的支援と併せ、保育や育児休業制度とい
　　　った「両立支援」の施策が進められてきた。また、ドイツでは、依然として経済的支援が中心
　　　となっているが、近年、「両立支援」へと転換を図り、育児休業制度や保育の充実等を相次いで
　　　打ち出している。」（図表、説明とも内閣府ＨＰより）

1-2-❻　流出先はどこ？ ── 人材供給県宮崎

[図表24]　宮崎県からの流出先（3大都市と福岡県）（単位：人）

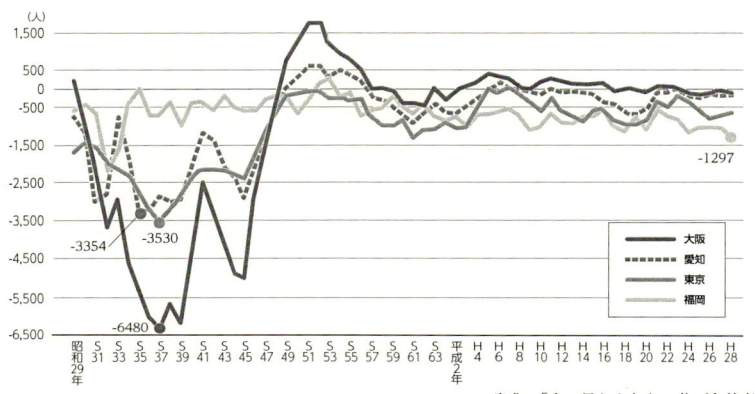

出典：「人口早わかり」に基づき筆者作成

　図表14によって、もう一度社会動態を確認します。データの入手可能な昭和29年から平成28年までに累計で約35万人が本県から他県に流出しています。まさに、人材供給県であったわけです。では、本県からどの都道府県に流出していったか、図表24、25によってその経過を確認してみます（以下、転出超過を「流出」、転入超過を「流入」と言います）。

　昭和47年頃までは、大阪府への流出が他の都市圏を大きく上回る規模で、また、愛知県への流出規模も比較的大きく推移していました。中学生が「金の卵」として、近畿や中部地方の繊維会社などに「集団就職」していった時代です。

　昭和46年のニクソンショックや同48年のオイルショックによって、潮目が大きく変わりました。昭和49年から56年までは大阪府・愛知県からは流入となりました。その後は、東京都・福岡県を中心に流出はつづいていますが、規模としては小さく推移しています。

[図表25] 宮崎県の社会動態（宮崎県内への転入者－宮崎県外への転出者）（単位：人）

都道府県	昭和35年	昭和45年	昭和55年	平成2年	平成12年	平成22年	平成24年	平成26年	平成28年
北 海 道	132	16	40	56	41	11	30	-69	-61
青 森 県	-13	-10	0	6	17	45	12	-5	5
岩 手 県	-8	8	29	-2	10	-1	17	2	12
宮 城 県	113	-73	-71	-53	-60	-50	-31	-56	-10
秋 田 県	-5	2	2	-9	-15	1	2	-11	-3
山 形 県	-9	181	16	-2	-9	-2	18	5	8
福 島 県	-20	-11	37	-3	30	11	31	-23	-35
茨 城 県	-51	-46	-20	-50	-38	-61	-14	38	-16
栃 木 県	-16	-16	31	-27	-31	2	4	-32	-3
群 馬 県	-8	-58	29	-36	-23	-20	4	-22	7
埼 玉 県	-191	-414	153	-281	-10	-62	32	-102	-131
千 葉 県	-121	-475	3	-279	-105	-128	-82	-120	-159
東 京 都	-2,694	-2,398	-280	-1,051	-596	-499	-337	-799	-644
神 奈 川 県	-772	-1,573	-94	-778	-143	-178	-106	-282	-340
新 潟 県	-86	5	-21	15	-15	-1	-5	6	-13
富 山 県	-21	-15	0	-3	-5	9	4	3	-7
石 川 県	-90	-7	19	-21	-16	6	-10	2	-173
福 井 県	-84	-17	27	5	0	-1	4	13	-13
山 梨 県	-31	-21	4	-14	-15	5	-1	-1	-29
長 野 県	-7	11	-32	-28	-43	-22	22	-23	-28
岐 阜 県	-1,107	-463	141	-73	-7	-1	6	4	-7
静 岡 県	-332	-363	1	-47	36	43	52	-5	-14
愛 知 県	-3,354	-2,886	326	-662	-87	-109	-146	-141	-204
三 重 県	-232	-266	5	-77	24	-6	14	-6	-24
滋 賀 県	-286	-266	-58	-89	-7	-20	-20	-37	-29
京 都 府	-227	-381	70	-162	19	5	-64	-17	-35
大 阪 府	-5,282	-5,053	775	-41	216	38	-71	-104	-156
兵 庫 県	-1,628	-1,375	258	25	146	6	-56	-14	-100
奈 良 県	-119	-286	-33	-16	49	-34	29	-9	10
和 歌 山 県	-131	-206	31	13	17	-10	23	-10	-5
鳥 取 県	43	18	-1	-41	-15	19	-7	-11	-16
島 根 県	7	-11	-1	9	-11	-4	-1	2	-8
岡 山 県	-74	-497	78	48	-54	21	-11	20	1
広 島 県	-361	-408	69	-110	-87	38	-4	-14	-61
山 口 県	-347	-107	-142	-117	-113	-53	-67	-69	3
徳 島 県	14	-13	5	16	-8	1	9	8	-17
香 川 県	36	-45	-3	4	-8	-31	-3	33	5
愛 媛 県	119	-27	9	-13	15	-27	-3	14	-27
高 知 県	59	31	21	-19	10	-42	29	2	-2
福 岡 県	37	-576	-93	-719	-926	-741	-1,138	-1,040	-1,297
佐 賀 県	100	59	-20	-14	39	-75	25	-39	-20
長 崎 県	7	-27	16	-123	-25	92	14	29	-24
熊 本 県	258	169	-202	-351	-199	-173	-327	-311	-180
大 分 県	-202	-266	109	-62	-44	-116	-156	-87	-265
鹿 児 島 県	645	214	167	168	-219	-37	117	146	-187
沖 縄 県	−	−	6	51	-37	4	10	-53	4
総 数	-16,339	-17,932	1,406	-4,957	-2,302	-2,147	-2,165	-3,185	-4,288

出典：「人口早わかり」（抜粋）
資料：総務省「住民基本台帳人口移動報告」
注 ：暦年間の数値

1-2-❼ 複線化する人口流出の現状

[図表26] 東京、埼玉、福岡など流入超過県の状況（平成28年）

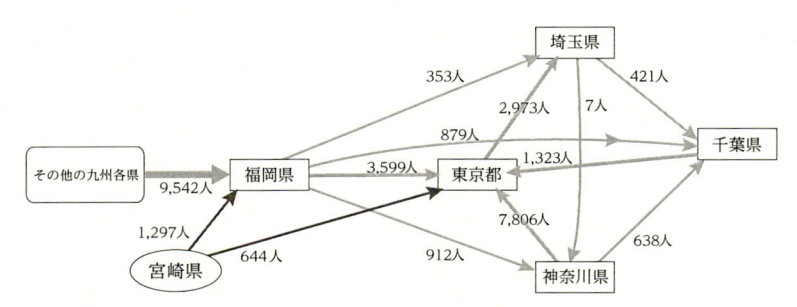

出典：「2016年住民基本台帳人口移動報告」に基づき
筆者作成。数字の矢印は、流出を表示

　図表25で見たように、宮崎県の平成以降の流出は、東京圏域（東京都・埼玉県・千葉県・神奈川県）と福岡県に二極化していると考えられます。

　平成28年では、東京圏域へは合計1,274人が、福岡へは1,297人が流出しています。ただし、ここで注目したいのは、福岡県が東京への流出の通過点となっていることです。図表26をみてください。福岡県は、九州各県との関係では宮崎県からとも含めて10,839人の流入ですが、東京都などとの関係では計5,743人の流出となっています。九州からの流入人口の半分以上が東京圏へ流出しているのです。

　なお、「東京圏」の中でも人の動きは複雑です。一極集中といわれる中にあって東京都は、住民基本台帳人口移動報告では唯一、埼玉県との間でのみ流出となっています。また、その埼玉県は、千葉県や神奈川県との関係では流出となっており、千葉県や神奈川県は、東京都との関係では流出となっています。しかしながらいずれの県も、トータルで見ると大幅な流入となっており、結果として、東京圏域に人口が集中していることは変わりません。

15 ～ 24歳の若者層の流出と、30歳台以降の流入

[図表27] 宮崎県の社会動態（年齢別）（単位：人）（転入者－転出者）

	H9年(1997)	H10年(1998)	H11年(1999)	H12年(2000)	H13年(2001)	H14年(2002)	H15年(2003)	H16年(2004)	H17年(2005)	H18年(2006)
0～4歳	204	310	345	163	149	61	273	103	62	151
5～9歳	252	268	90	59	8	-36	101	-128	-105	117
10～14歳	84	61	13	70	-95	-96	-59	-12	-52	5
15～19歳	-4,006	-3,923	-3,132	-2,878	-2,987	-2,656	-2,372	-2,187	-2,262	-2,216
20～24歳	-784	-1,047	-475	-1,057	-977	-963	-1,092	-1,063	-1,277	-2,023
25～29歳	352	357	437	177	33	102	128	204	198	-132
30～34歳	315	379	342	186	97	-24	244	134	28	-13
35～39歳	57	324	274	169	-22	64	38	-28	9	31
40～44歳	60	0	80	23	27	-15	18	-44	-48	-11
45～49歳	-131	56	116	43	39	30	46	-2	-62	-32
50～54歳	53	123	139	81	218	175	160	106	15	85
55～59歳	185	177	153	274	143	173	211	171	143	172
60～64歳	244	271	265	256	285	295	324	300	268	207
65歳～	-34	77	83	49	46	34	9	-18	8	-8
不詳	0	0	-2	0	1	-1	0	0	0	-2
総数	-3,149	-2,567	-1,272	-2,385	-3,035	-2,857	-1,971	-2,464	-3,075	-3,669
15～24歳	-4,790	-4,970	-3,607	-3,935	-3,964	-3,619	-3,464	-3,250	-3,539	-4,239

	H19年(2007)	H20年(2008)	H21年(2009)	H22年(2010)	H23年(2011)	H24年(2012)	H25年(2013)	H26年(2014)	H27年(2015)	H28年(2016)
0～4歳	6	41	155	127	292	26	218	-17	139	64
5～9歳	4	-23	18	97	69	18	140	18	33	-21
10～14歳	19	-2	-6	-34	-6	85	-38	18	4	-45
15～19歳	-2,161	-2,251	-1,956	-1,815	-1,807	-1,918	-1,862	-1,644	-1,889	-2,130
20～24歳	-2,110	-2,054	-1,443	-1,254	-1,403	-1,452	-1,374	-1,450	-1,600	-1,914
25～29歳	-457	-500	129	216	157	43	207	-174	-195	-257
30～34歳	-100	-283	98	199	317	64	147	151	141	38
35～39歳	-56	-153	57	106	204	117	208	120	146	159
40～44歳	-59	-59	93	3	140	101	20	0	40	76
45～49歳	-54	-25	-1	-1	-4	86	-13	21	-69	-44
50～54歳	72	-28	48	54	55	51	62	25	25	19
55～59歳	89	111	100	160	156	132	61	110	37	93
60～64歳	195	191	266	291	305	276	216	173	143	194
65歳～	-6	65	83	51	104	77	68	65	78	36
不詳	-1	0	-2	0	0	0	0	-3	0	-3
総数	-4,619	-4,940	-2,361	-1,800	-1,421	-2,294	-1,943	-2,584	-2,969	-3,735
15～24歳	-4,271	-4,305	-3,399	-3,069	-3,210	-3,370	-3,236	-3,094	-3,489	-4,044

出典：「人口早わかり」。15 ～ 24歳層のデータは、筆者集計

　年齢別の動態を、データの入手可能な平成9年から28年までの20年間をみたのが図表27です。図表28はそれをグラフ化したものです。

　二つの大きな傾向がみられます。15 ～ 24歳の若者層の県外流出が全体的に大きく、しかも県全体の流出量を上回っていること、その反対に30歳台以

[図表28] 15 〜 24歳層の流出状況（単位：人）

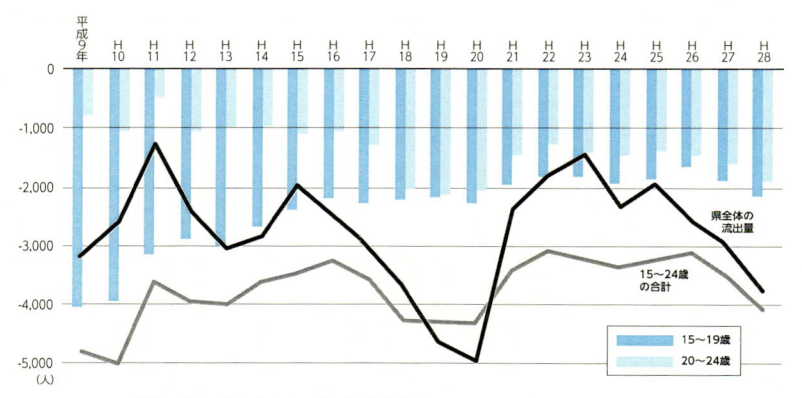

出典：「人口早わかり」に基づき筆者作成
注 ：「人口早わかり」では、各年とも前年10月1日から当年9月30日までの現住人口に基づいて
集計しており、「住民基本台帳人口移動報告」とは調査期間が異なります。

降の流入がみられ、特に60歳台において流入が大きくなっていることです。

　15歳から24歳層の若者の流出数は、平成19年、20年を除く全期間で、県全体の流出数を大きく上回っています。また、その規模は、平成10年の4,970人を最高としながら3,000 〜 4,000人で推移しており、この間の流出合計は、約75,000人に及んでいます。

　15 〜 24歳の若者層の県外流出が社会減の主たる要因であり、結果として本県全体の人口減少の大きな要因となっていることがわかります。

　人口減少下において、経済活力の維持に向けて若者層の定着が大きな課題となる中、こうした状況はもはや看過できないレベルになっています。

[図表29] 宮崎県の高校卒業者の
就職状況（県内県外別の推移）

年次	就職者(人)			県内への就職者の割合(%) (A1／A)
	合計 (A)	宮崎県内へ (A1)	宮崎県外へ (A2)	
S47	10,172	4,097	6,075	40.3
50	9,161	4,271	4,890	46.6
55	8,686	5,104	3,582	58.8
60	7,315	3,958	3,357	54.1
61	8,571	4,491	4,080	52.4
62	7,766	4,274	3,492	55.0
63	7,725	4,213	3,512	54.5
H1	7,935	4,193	3,742	52.8
2	8,166	4,238	3,928	51.9
3	8,456	4,634	3,822	54.8
4	8,292	4,452	3,840	53.7
5	7,871	4,318	3,553	54.9
6	7,075	4,194	2,881	59.3
7	6,646	4,033	2,613	60.7
8	6,334	3,962	2,372	62.6
9	5,961	3,601	2,360	60.4
10	5,751	3,220	2,531	56.0
11	4,778	2,595	2,183	54.3
12	4,686	2,873	1,813	61.3
13	4,738	2,933	1,805	61.9
14	4,497	2,764	1,733	61.5
15	4,052	2,573	1,479	63.5
16	4,240	2,711	1,529	63.9
17	4,064	2,586	1,478	63.6
18	3,963	2,329	1,634	58.8
19	3,986	2,343	1,643	58.8
20	3,812	2,164	1,648	56.8
21	3,426	1,847	1,579	53.9
22	2,907	1,719	1,188	59.1
23	3,173	1,894	1,279	59.7
24	3,199	1,882	1,317	58.8
25	3,356	2,005	1,351	59.7
26	3,094	1,766	1,328	57.1
27	3,241	1,751	1,490	54.0
28	3,093	1,695	1,398	54.8

出典：「人口早わかり」（抜粋）
資料：文部科学省「学校基本調査」
注：就職者には、過年度高等学校卒業者を含みません。

宮崎県の新規学卒者の県外就職率の高さ、逆に言えば、県内就職率の低さが、近年では全国の最下位レベルに位置しています。若者流出の大きな原因になっています。県内就職率をどう高めるかが課題であり、これまでも関係機関が対応策を講じてきました。しかし、なかなか成果が上がりません。その現状を共有し、さらにはその対応を考えていただくために、①高校卒業就職者の県内外への就職状況と全国の状況、②県外への就職先の状況を順を追って確認してみたいと思います。

まずは、高卒就職者の県内外への就職状況を図表29で確認します。就職者数は、昭和47年には1万人を超えていましたが、大学等進学率の上昇や少子化などによって、年々減少し、平成28年には3,093人となっています。この間の県内への就職率は、上昇と後退を繰り返し、平成16年の63.9％をピークに減少傾向が続き、平成27年は54.0％と全国最下位となりました。

43

1-2-⑩　東北・九州で高くなっている県外就職率

[図表30] 高校卒業就職者の都道府県別県外就職率（平成26年を基準に並べ替え、単位：％）

都道府県	平成17年	平成22年	平成26年	都道府県	平成17年	平成22年	平成26年
宮 崎 県	41.2	40.3	46.0	福 岡 県	19.4	19.4	18.1
鹿児島県	44.6	45.8	43.7	京 都 府	19.3	18.6	17.9
長 崎 県	44.1	39.4	42.3	愛 媛 県	19.9	19.8	17.9
青 森 県	44.2	44.2	42.2	岡 山 県	13.9	16.4	17.6
佐 賀 県	42.5	38.4	40.7	栃 木 県	13.7	17.7	17.5
熊 本 県	34.4	37.3	40.2	三 重 県	16.4	11.6	12.9
高 知 県	42.3	40.7	37.6	兵 庫 県	15.8	13.6	12.6
岩 手 県	32.1	40.5	34.7	香 川 県	8.4	9.0	12.1
秋 田 県	32.6	37.2	34.0	茨 城 県	11.9	10.0	11.9
奈 良 県	31.8	27.8	32.0	福 井 県	9.7	11.3	11.8
沖 縄 県	37.6	36.8	31.2	山 梨 県	9.8	11.5	11.3
徳 島 県	27.6	26.1	27.0	群 馬 県	11.4	9.5	9.8
埼 玉 県	28.1	23.4	25.5	東 京 都	9.2	10.4	9.4
島 根 県	34.8	27.3	25.5	長 野 県	10.6	9.4	8.7
大 分 県	24.4	22.3	25.3	静 岡 県	6.8	6.8	8.4
和歌山県	26.9	22.9	25.3	広 島 県	7.8	7.8	8.4
鳥 取 県	20.8	23.8	23.2	新 潟 県	8.6	8.5	8.3
山 形 県	20.7	24.3	22.0	滋 賀 県	14.1	10.7	8.2
岐 阜 県	22.3	22.3	21.4	北 海 道	7.9	9.0	7.5
神奈川県	21.3	18.3	21.2	石 川 県	10.5	10.1	6.6
平 均 値	21.0	20.7	20.6	大 阪 府	6.0	6.5	6.4
千 葉 県	22.7	18.1	20.4	富 山 県	6.0	6.4	5.8
福 島 県	19.1	22.7	18.5	愛 知 県	2.3	2.9	3.6
全 国	19.3	19.0	18.4				
山 口 県	18.6	17.6	18.4				
宮 城 県	12.9	18.4	18.1				

出典：「社会生活統計指標」
注：「人口早わかり」とは１年のずれがあります。

　県外就職率の都道府県別状況をみると、**図表30**のとおり、宮崎県をはじめ鹿児島県、長崎県などの、福岡県を除く九州地方、青森県や岩手県、秋田県などの宮城県を除く東北地方が総じて高くなっています。これに対し、富山県や石川県、新潟県などの北陸地方が低く、愛知県に至っては、極めて低い状況となっています。また、例えば同じ四国４県でも高知県・徳島県は高く、香川県・愛媛県は低いといった違いもみられます。その違いをもたらしている要因は何なのか、深く掘り下げてみる必要があります。

1-2-⑪ 経済圏域で差のなくなってきた就職先

[図表31] 高校卒業就職者のうち都市圏への就職の推移（単位：人）

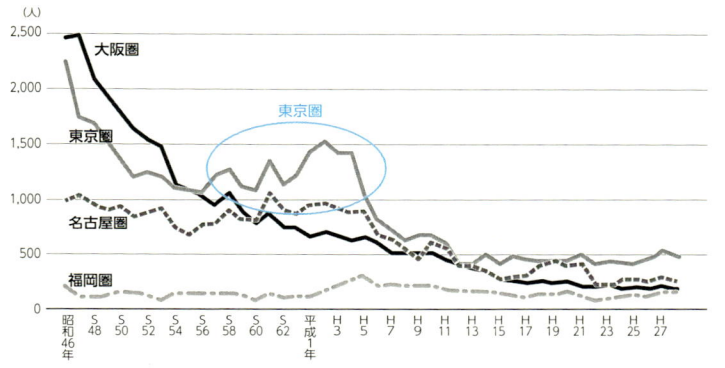

出典：図表32に基づき筆者作成

　では、いったいどこに就職しているのでしょうか、図表31、32によって確認してみます。

　就職先は、東京圏域、名古屋圏域、大阪圏域、福岡県に大別されますが、昭和57年から平成5年ごろにかけては、東京圏域が突出しています。バブル経済期における大手企業本社の東京移転など東京への一極集中と大阪圏域の地盤沈下と符合しているように思えます。しかし、この後は、4圏域でとくに目立った差はなく推移しています。

　こうした若者層の流出は、高校まで多額の経費※を費やして育てた若者という貴重な資産がいとも簡単に流出してしまうことを意味し、県経済にとっては大きな損失です。

※一人当たりの高校卒業までの教育費と養育（生活）費の合計に、高校卒業後県外への進学・就職者数を乗じて求めることができます。高校卒業までに要する教育費は、「子供の学習費調査」（文部科学省）によると、幼稚園から高校まで全て公立の場合は約500万円となっています。高校卒業までに要する養育費については、直接的なデータは見つけられませんでしたが、後述の図表98を参考にすると約1,200万円程度と考えられます。これらの合計に、県外への進学・就職者数（図表35の場合、約4,900人）を乗ずると、約830億円となります。金銭的価値にして、少なくとも830億円以上の巨費を投入して育て上げた貴重な人的資産が毎年流出していると考えることができます。

[図表32] 高校卒業就職者の就職先都道府県別状況（単位：人）

都道府県／年	昭和50	昭和55	昭和60	平成2	平成7	平成12	平成17	平成22	平成24	平成26	平成28
就職者計	9,161	8,686	7,315	8,166	6,646	4,686	4,064	2,907	3,199	3,094	3,093
宮崎県内	4,271	5,104	3,958	4,238	4,033	2,873	2,586	1,719	1,882	1,766	1,695
県　外　計	4,890	3,582	3,357	3,928	2,613	1,813	1,478	1,188	1,317	1,328	1,398
北　海　道	—	1	4	3	2	1	4	—	3	3	2
青　森　県	—	—	—	—	—	—	—	—	—	—	—
岩　手　県	—	—	—	—	—	—	—	—	—	1	—
宮　城　県	—	—	—	—	—	—	—	—	—	1	—
秋　田　県	—	—	—	—	—	—	—	—	—	—	—
山　形　県	—	—	—	—	—	—	—	—	—	—	—
福　島　県	—	—	1	—	—	—	—	2	—	—	1
茨　城　県	4	9	2	4	2	2	7	7	4	4	3
栃　木　県	3	3	2	4	1	—	4	3	1	5	4
群　馬　県	—	—	6	14	11	—	—	—	3	4	3
埼　玉　県	31	35	16	51	22	20	20	26	15	26	24
千　葉　県	71	23	53	34	27	17	20	20	45	43	44
東　京　都	1,009	799	738	1,076	531	328	339	282	284	294	313
神奈川県	256	241	279	360	149	60	81	78	84	94	100
新　潟　県	—	—	—	—	—	—	—	—	—	—	—
富　山　県	1	—	—	2	1	—	3	9	4	2	—
石　川　県	1	—	—	—	1	1	4	—	1	—	2
福　井　県	—	—	1	1	1	2	—	—	—	—	—
山　梨　県	2	—	1	2	5	1	—	—	1	—	—
長　野　県	—	1	2	3	9	7	2	—	3	—	—
岐　阜　県	101	86	106	179	83	43	7	10	8	5	1
静　岡　県	70	23	25	30	29	22	9	5	4	4	3
愛　知　県	787	553	640	718	513	343	295	221	256	232	251
三　重　県	44	36	49	73	41	11	13	7	9	17	11
滋　賀　県	82	64	84	72	38	24	16	22	13	14	14
京　都　府	175	85	79	55	54	52	38	23	36	35	21
大　阪　府	1,301	870	592	526	381	282	164	145	126	121	113
兵　庫　県	254	79	70	63	41	53	23	32	29	31	49
奈　良　県	47	61	38	46	39	21	17	9	4	8	5
和歌山県	17	2	4	1	—	12	—	6	10	4	2
鳥　取　県	1	—	—	—	—	2	1	2	3	1	2
島　根　県	1	—	1	—	—	2	—	1	—	—	—
岡　山　県	41	7	4	5	4	3	1	12	9	9	18
広　島　県	93	33	26	26	40	16	28	19	21	15	20
山　口　県	71	54	58	84	77	79	52	30	47	57	37
徳　島　県	—	—	—	—	—	1	—	—	—	—	2
香　川　県	3	1	2	4	2	5	3	4	3	4	1
愛　媛　県	1	1	4	1	—	15	8	1	1	2	3
高　知　県	1	1	4	—	—	4	—	—	1	—	1
福　岡　県	154	143	90	167	232	175	118	92	126	119	164
佐　賀　県	—	6	1	8	—	2	—	5	3	2	2
長　崎　県	58	54	21	41	16	13	12	8	7	9	14
熊　本　県	63	60	109	70	54	32	15	10	13	24	13
大　分　県	20	31	39	44	24	45	51	34	29	26	15
鹿児島県	93	136	202	120	136	109	87	39	79	85	110
沖　縄　県	26	5	7	1	2	2	2	5	1	2	2
不　　　詳	8	79	—	37	45	7	33	19	31	25	28

出典：「人口早わかり」（抜粋）

[図表33]　宮崎県の大学卒業者等の就職状況（単位：人、％）

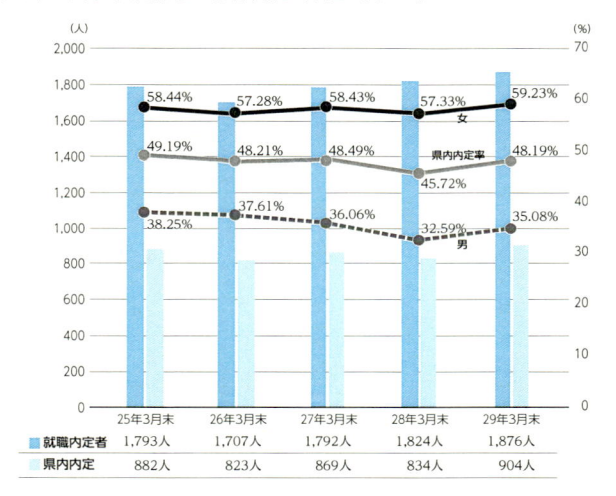

	25年3月末	26年3月末	27年3月末	28年3月末	29年3月末
就職内定者	1,793人	1,707人	1,792人	1,824人	1,876人
県内内定	882人	823人	869人	834人	904人

出典：宮崎労働局資料を一部筆者加工

※出典資料には、「宮崎大学医学部・県立看護大学は含まない。」とされ、「この調査は、宮崎労働局管内の大学等9校が、年度末（筆者記入）日時点で学生からの報告等により把握している内定状況等を取りまとめたものです。本調査は大学等の協力により可能な範囲で把握した数字を取りまとめており、報告のない学生や連絡の取れない学生などは未内定として計上しています。なお、厚生労働省及び文部科学省が公表している「大学等卒業予定者の就職内定状況調査」は抽出調査として実施しており、調査時点ごとに、電話・面接等の方法により抽出した学生全員に対して学校を通じて内定状況を確認した結果であり、調査方法等が異なることから、この調査と直接数値を比較できるものではありません。」との注釈が付されています。

　大学卒業後の就職状況については、統一的なデータがなく、詳細な分析はできませんが、宮崎労働局が毎年公表している「大学等の求職・求人・内定状況」によって過去5年間を見ると、図表33のとおりです。

　これによると、毎年3月末時点で1,800人程度の就職者があり、そのうち県内に就職する割合は、全体で50％を切っている状況にあります。女性は、6割近くが県内に就職しているものの、男性は3割台にとどまっています。

1-2-⑬ 高い離職率も若者の県外流出の一因

[図表34]　3年以内の離職率（平成25年3月卒業者、%）

区　分		1年目	2年目	3年目	合計	平成24年	平成23年
高校卒	（宮崎県）	19.5	12.6	11.5	43.9	47.2	48.3
	（全　国）	19.9	11.7	9.1	40.9	40.0	39.6
大学卒	（宮崎県）	19.7	11.0	10.5	41.6	40.4	40.7
	（全　国）	12.7	10.0	9.1	31.9	32.3	32.4

出典：「労働行政のあらまし」（宮崎労働局）

[図表35]　宮崎県の高校卒業後の進路のイメージ（平成25年3月卒業）

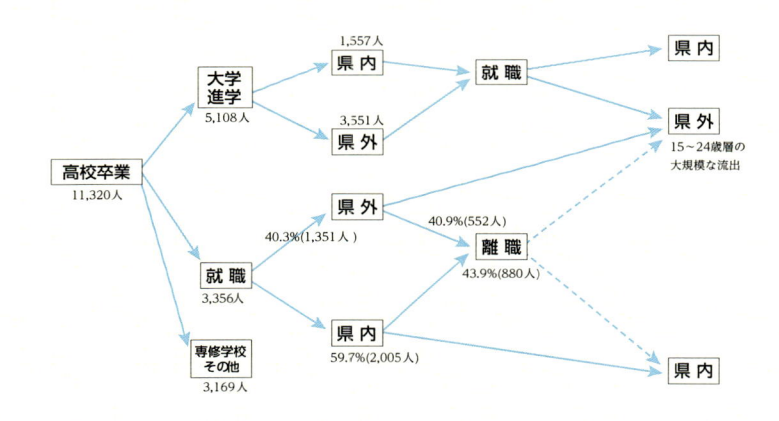

出典：「学校基本調査」、「人口早わかり」、「労働行政のあらまし」に基づき筆者作成
注　：進学者数には、過年度卒業者（313人）が含まれます。

　ここまでは、高校や大学等の卒業者の就職状況を概括的に見てきました が、宮崎県は、図表34のとおり、新規卒業就職者の3年以内の離職率が、高 卒者、大卒者とも全国平均よりかなり高くなっています。とくに大学卒業生 の離職率が全国平均より9.7ポイントも高くなっています。また、1年目の離 職率が特に高くなっていますが、ここでも大学卒業生が全国平均より7ポイ ントも高くなっています。1年目の離職率をどう抑制するかが課題だと思わ れます。

3年以内の離職率を図表に反映させるため、平成25年3月高校卒業者を起点に卒業後の状況を追跡してみました（図表35）。

　高校卒業生のうち、大学・短大への進学者は5,108人。うち県内進学者は1,557人、県外進学者は3,551人となっています。県内には、4年制大学として、宮崎大学、宮崎公立大学、宮崎県立看護大学、南九州大学、宮崎産業経営大学、宮崎国際大学、九州保健福祉大学の7校（上記のほかに、パイロット養成のための運輸省航空大学校がありますが、教育方法の特殊性から除きました）があり、25年度の県内4年制大学の入学者数は県外からも含め合計2,435人（「人口早わかり」より）となっています。なお、この県内大学の入学者数は平成28年には2423人（同）となっています。

　宮崎産業経営大学が開学した30年前の昭和62年当時は県内大学等への入学者数1,721人で、比較にならないほど進学者の受入体制が整ってきているにもかかわらず、3,551人もの卒業生が県外大学等に進学しています。そして、統計はありませんが、4年後の卒業時にはそのまま県外に残るケースが多いのではないかと考えられます。

　一方、就職者は3,356人となっています。このうち、40.3％の1,351人が県外に就職し、残り59.7％の2,005人が県内に就職しています。そして、3年以内に離職する割合が、全国平均で40.9％、本県が43.9％となっており、これらの値を就職者数に単純に当てはめればそれぞれ、552人、880人となり、離職後においてもかなりの数が県外に流出しているものと考えられます。こうした状況が重なり合って、15〜24歳層の大規模な県外流出となっていると考えられます。

　したがって、15〜24歳層の若者の流出を考える場合、高卒時の県外への進学、高卒・大卒時の県外への就職、そして離職後の県外への流出という3つの側面で考え、その対策を講ずる必要があると考えられます。

1-2-⑭　生産年齢人口に占める若者層の割合が15%低下

[図表36] 宮崎県の総人口と生産年齢人口及び総人口
　　　　　に占める生産年齢人口の割合の推移（単位：万人、%）

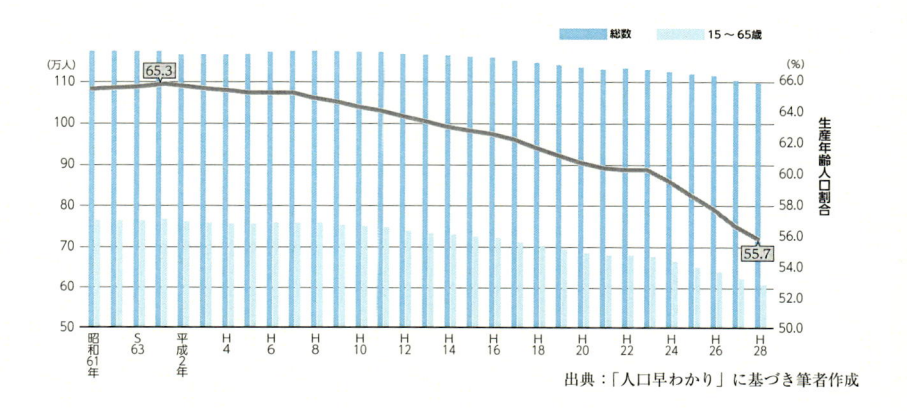

出典：「人口早わかり」に基づき筆者作成

　こうした若者流出がもたらす労働市場への影響について考えます。

　まず、労働市場のベースとなる15 ～ 64歳の生産年齢人口の実態について確認します。総人口と生産年齢人口、及び総人口に占める生産年齢人口の割合は、図表36のとおりですが、後者の割合は平成元年の65.3％を境に年々下がり続け、特に、24年以降は急速に低下し、平成28年は55.7％となっています。

　また、生産年齢人口に占める15 ～ 24歳の若者層の割合が図表37です。実数での推移ではなかなか実感として理解できませんが、割合の推移をグラフでみると平成6年の19.7％から平成23年の14.8％にかけて急速に低下していることが確認できます。若者の流出が下げ止まらない現状が色濃く反映されています。

　以上、若者の流出は生産年齢人口の急速な減少をもたらしています。このまま放置していくと平成52（2040）年には、約46万5,000人へ、その割合も51.6％へと減少していきます（図表38）。労働市場に甚大な影響をもたらします。

[図表37] 宮崎県の生産年齢人口に占める15 ～ 24歳の若年層の割合（単位：万人、%）

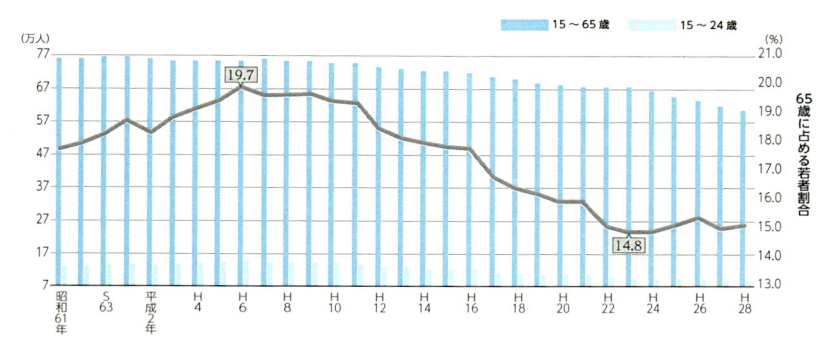

出典：「人口早わかり」に基づき筆者作成

[図表38] 宮崎県の総人口と生産年齢人口の推移（将来推計を含む）（単位：万人、%）

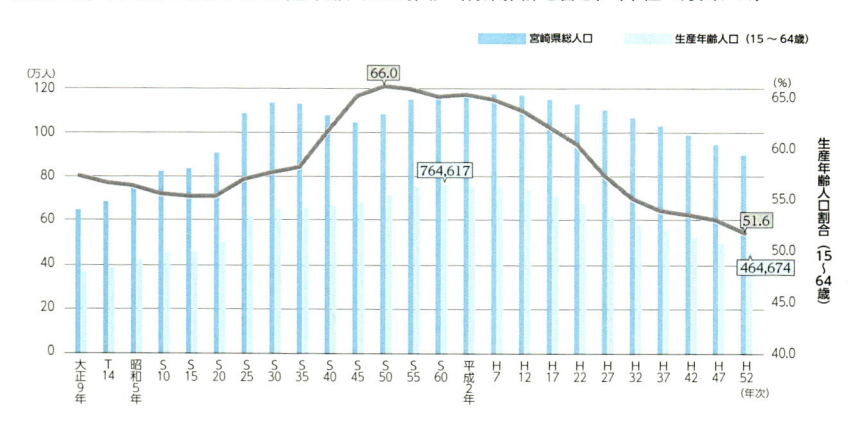

出典：「人口早わかり」に基づき筆者作成

第3節 東京の力・福岡の力
── 吸収されるヒト・カネ・モノ・情報 ──

●東京への一極集中と拡がる格差

東京一極集中とその是正が叫ばれて久しく時が経過しています。

本節では、まず「ヒト、カネ、モノ、情報」の４つの観点から東京一極集中は具体的にどのような形になって表れているのかを確認してみます。

●福岡への流れ ── 九州内の２つの格差

次に、九州内における格差の問題です。宮崎県の位置を確認すると、図表39のとおり、本県は、九州内の南東側に位置しています。

一般に、「九州の東側」とは、福岡県の北九州方面から大分県、宮崎県、鹿児島県の大隅地方を、また、「九州の南側」とは、熊本県の南側と宮崎県、鹿児島県を含む地域を指します。

そして、九州内の社会資本の整備状況を論じるとき、常に、東西格差、南北格差が問題となるのです。

[図表39] 九州内の東西、南北線

北

西　東

宮崎県

南

出典：筆者作成

●東京圏域への通過点としての福岡県

東京一極集中と九州との関係を考えるとき、福岡県の特異な位置を考える必要があります。図表26で見たように、福岡県は、平成28年で見ると、九州各県との関係では10,839人の流入ですが、東京圏域との関係では5,743人の流出となっています。地域圏中枢都市は、同一ブロック内の他県から人口を吸収する一方で、首都圏に送り出しているという構図が浮かんできます。地域

全国主要都市を媒介項にして進む東京への「ヒト」の集中

[図表40] 東京都への人口の集中（2016年）

都道府県	転入	転出	転入－転出	都道府県	転入	転出	転入－転出
北 海 道	14,336	10,292	4,044	滋 賀 県	2,179	1,338	841
青 森 県	4,325	2,710	1,615	京 都 府	6,121	4,406	1,715
岩 手 県	3,536	2,377	1,159	大 阪 府	23,423	15,812	7,611
宮 城 県	9,028	6,354	2,674	兵 庫 県	12,419	7,813	4,606
秋 田 県	2,903	1,802	1,101	奈 良 県	2,205	1,356	849
山 形 県	3,035	2,013	1,022	和歌山県	1,344	755	589
福 島 県	6,072	4,159	1,913	鳥 取 県	933	681	252
茨 城 県	11,914	9,298	2,616	島 根 県	1,075	780	295
栃 木 県	6,887	5,243	1,644	岡 山 県	3,280	2,258	1,022
群 馬 県	6,427	4,870	1,557	広 島 県	5,942	4,228	1,714
埼 玉 県	56,689	59,662	-2,973	山 口 県	2,441	1,615	826
千 葉 県	46,193	44,870	1,323	徳 島 県	1,151	744	407
東 京 都	—	—	—	香 川 県	2,056	1,478	578
神奈川県	80,493	72,687	7,806	愛 媛 県	2,498	1,558	940
新 潟 県	6,984	4,409	2,575	高 知 県	1,341	943	398
富 山 県	2,076	1,573	503	福 岡 県	13,790	10,191	3,599
石 川 県	2,671	1,914	757	佐 賀 県	1,328	911	417
福 井 県	1,232	817	415	長 崎 県	2,516	1,758	758
山 梨 県	4,641	3,482	1,159	熊 本 県	3,358	2,298	1,060
長 野 県	7,109	5,779	1,330	大 分 県	2,012	1,360	652
岐 阜 県	3,018	1,781	1,237	宮 崎 県	2,401	1,757	644
静 岡 県	11,629	8,451	3,178	鹿児島県	3,786	2,520	1,266
愛 知 県	17,254	12,206	5,048	沖 縄 県	4,758	4,126	632
三 重 県	2,635	1,832	803	総　数	413,444	339,267	74,177

出典：「2016年住民基本台帳人口移動報告」を一部加工

圏中枢都市は、東京一極集中に歯止めをかける「ダム機能」としての役割を期待されてきましたが、この期待は今や危機感をもってとらえる必要があります。

　東京都への人口の集中状況をみると図表40のように、埼玉県を除いて、全国45道府県から2014年には74,000人を超える人々が流入しています。東京都に最も流出しているのは神奈川県で7,806人、次いで大阪府7,611人、愛知県5,048人、兵庫県4,606人、北海道4,044人、福岡県3,599人、静岡県3,178人などとなっています。宮崎県は、644人です。特に日本列島の主要都市からより多く流入していることがわかります。

1-3-❷ 東京の１人当たり県民所得は全国平均の1.47倍

[図表41] 都道府県別の１人当たり県民所得（平成25年度　単位：千円、％）

全　　国	3,065	東京都との比較（%）	全国との比較（%）	全　　国	3,065	東京都との比較（%）	全国との比較（%）
東 京 都	4,508	100.0	147.1	岡 山 県	2,800	62.1	91.4
愛 知 県	3,579	79.4	116.8	香 川 県	2,798	62.1	91.3
静 岡 県	3,326	73.8	108.5	福 島 県	2,787	61.8	90.9
滋 賀 県	3,273	72.6	106.8	新 潟 県	2,767	61.4	90.3
栃 木 県	3,255	72.2	106.2	岐 阜 県	2,726	60.5	88.9
三 重 県	3,166	70.2	103.3	長 野 県	2,714	60.2	88.5
富 山 県	3,159	70.1	103.1	岩 手 県	2,698	59.8	88.0
茨 城 県	3,138	69.6	102.4	山 形 県	2,629	58.3	85.8
山 口 県	3,125	69.3	102.0	大 分 県	2,559	56.8	83.5
広 島 県	3,060	67.9	99.8	北 海 道	2,545	56.5	83.0
群 馬 県	3,054	67.7	99.6	愛 媛 県	2,543	56.4	83.0
千 葉 県	3,019	67.0	98.5	奈 良 県	2,530	56.1	82.5
大 阪 府	2,995	66.4	97.7	佐 賀 県	2,513	55.7	82.0
京 都 府	2,974	66.0	97.0	秋 田 県	2,463	54.6	80.4
神奈川県	2,972	65.9	97.0	高 知 県	2,447	54.3	79.8
石 川 県	2,972	65.9	97.0	青 森 県	2,426	53.8	79.2
山 梨 県	2,918	64.7	95.2	島 根 県	2,424	53.8	79.1
徳 島 県	2,878	63.8	93.9	熊 本 県	2,422	53.7	79.0
埼 玉 県	2,859	63.4	93.3	長 崎 県	2,419	53.7	78.9
宮 城 県	2,857	63.4	93.2	宮 崎 県	2,407	53.4	78.5
福 井 県	2,845	63.1	92.8	鹿児島県	2,399	53.2	78.3
福 岡 県	2,831	62.8	92.4	鳥 取 県	2,337	51.8	76.2
兵 庫 県	2,816	62.5	91.9	沖 縄 県	2,102	46.6	68.6
和歌山県	2,816	62.5	91.9				

出典：「統計でみる都道府県のすがた」（総務省）を一部加工

　2020年に開催されるオリンピック・パラリンピックに向けての集中投資が行われます。東京への人口の集中は否が応でも高まるでしょう。これを抑制するとなると相当な力が必要となります。

　東京都の総生産は、平成25年度で93兆円と全国の18.3％を占めており、１人当たり県民所得は、図表41のとおり47都道府県の中で突出して高く、２位の愛知県は東京都の８割程度、44位の宮崎県は東京都の半分程度となっています。

　地方公共団体の財政の豊かさを表す指標として「財政力指数」があります。財政力指数は、普通地方税などの標準的な収入（基準財政収入額）で、自治体職員の人件費や産業振興費、福祉費、教育費、社会資本の整備費などの標準的な支出（基準財政需要額）を賄うことができる「割合」を示すもので

[図表42] 大学数及び学生数

区　　　分	大学数	(%)	学生数（人）	(%)
東　京　都	137	17.6	746,397	26.0
23区	83		525,987	18.3
神奈川県	31	4.0	193,878	6.7
埼　玉　県	28	3.6	119,999	4.2
千　葉　県	27	3.5	111,112	3.9
東　京　圏	223	28.7	1,171,386	40.8
地　方　圏	554	71.3	1,702,238	59.2
全　　　国	777	100.0	2,873,624	100.0

出典：「第10回地方大学の振興及び若者雇用等に関する有識者会議」資料（平成28年度「学校基本統計」）

[図表43] 都道府県ごとの上場企業数と時価総額（時価総額順）

本社都道府県	上場会社数	時価総額（億円）
東京都	1,850	3,384,559
大阪府	426	563,668
愛知県	221	450,202
京都府	65	161,431
神奈川県	179	109,306
千葉県	46	76,765
兵庫県	108	68,551
静岡県	50	54,757
福岡県	82	41,368
山口県	13	39,984
山梨県	9	38,230

広島県	45	33,421
埼玉県	73	32,485
北海道	43	30,342
長野県	32	18,086
岐阜県	28	13,874
新潟県	37	11,972
群馬県	23	11,660
宮城県	21	10,669
富山県	23	9,390
滋賀県	9	8,824
岡山県	21	8,680
栃木県	16	8,324
茨城県	12	7,999

香川県	15	6,810
愛媛県	10	6,379
佐賀県	4	5,792
石川県	26	5,693
福井県	14	5,010
沖縄県	5	4,593
熊本県	7	4,182
三重県	19	4,014
福島県	10	2,942
和歌山県	9	2,932
徳島県	5	1,735
岩手県	4	1,527
鳥取県	4	1,450

山形県	7	1,379
高知県	6	1,254
大分県	8	1,252
奈良県	4	1,250
島根県	3	1,225
青森県	4	1,157
宮崎県	4	1,099
秋田県	4	922
長崎県	1	525
鹿児島県	8	474
	3,613	

出典：「東洋経済オンライン」（平成28年10月現在）
注：時価総額は2016年10月4日時点。本社所在地は登記上ではなく、『会社四季報』調査による。宮崎県は平成29年12月末現在で、5企業となっています。

す。平成27年度で東京都のみが「1」を上回っています。ちなみに宮崎県は0.32です。財政力指数が「1」以上であるということは、基準財政需要額を基準財政収入額が上回っており、裕福な自治体であることを意味しています。「カネ」は東京都に集まっています。

　「モノ」には様々な指標がありますが、まず大学や学生も**図表42**のとおり、東京都もしくは東京圏に集中しています。東京都の人口は、全国の10.6％（平成27年10月1日現在）であるのに対して、大学数では17.6％が、学生数では26％が東京都に集中しています。

　また、東京、大阪、名古屋、福岡、札幌の各証券取引所に上場している企業数は、平成28年10月時点で3,613社あり、そのうち東京都に本社を置いて

1-3-④　九州内の東と西の格差

[図表44]　九州における東西格差の例（九州内の社会資本の整備状況）

区　分	西　側	東　側
新幹線の整備状況	九州新幹線、長崎新幹線	なし
主要在来線	博多から鹿児島までほぼ複線	大分以南は単線で揺れがひどい（宮崎から大分以北は大分で乗り換え、一部ワンマン化）
	鹿児島本線複線化率94.1%	日豊本線複線化率25.9%
観光列車の導入	指宿のたまて箱、はやとの風、A列車で行こう、いさぶろうしんぺい、あそぼーい、かわせみやませみ	海幸山幸、ゆふいんの森
	ななつ星in九州、或る列車	
JRホテルの建設	博多駅、熊本駅、鹿児島駅、長崎駅	宮崎駅、小倉駅
主要路線におけるIC乗車券の利用	ほぼ利用可能	宮崎県内はごく一部利用可能
空港の整備	福岡空港、佐賀空港、長崎空港、熊本空港、鹿児島空港	北九州空港、大分空港、宮崎空港
高速道路の整備	片側2車線以上	清武以北の県内は原則、片側1車線
国の出先機関（九州ブロックをカバーするもの）	九州経済産業局、九州地方整備局（以上福岡県）、九州総合通信局、九州財務局、九州農政局、九州森林管理局（以上熊本県）	（福岡高等裁判所宮崎支部は、宮崎、鹿児島両県と大分県の一部区域を所管）
九州電力送電線	50万ボルト送電線が敷設	木城～大分間を工事中（平成34年6月運用開始予定）

出典：各種資料より筆者作成

いる企業は51.2％の1,850社となっています。さらに、あらゆる情報が、霞が関を中心に立地する政府機関や東京都に本社を置くメガバンク、証券会社、大企業等に集まってきます。在京5局や五大紙などを通じて、夥しい情報が、しかも多くは東京を素材とする情報が全国に発信されています。

　九州内の東西格差を見てみましょう。図表44のとおり、九州の西側は、新幹線が平成23年3月に福岡から鹿児島まで全線開通し、在来の基幹路線はほぼ複線であり、JR九州の観光列車は6路線が走っています。拠点駅に整備が進められているJRホテルは、グレードの高いホテルが4つの駅で整備されています。このほかにも、高速道路、空港、国の出先機関、九州電力の50万ボルト送電線など西側における社会資本の整備は充実の度合いを増しています。

　一方、九州の東側は、新幹線は昭和48（1973）年に策定された基本計画のま

[図表45] 宮崎県から福岡県への人口の流出（単位：人）

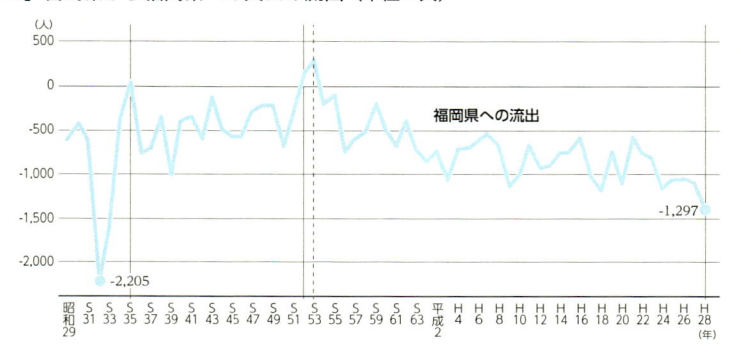

出典：図表24から福岡県をピックアップ　　注：数字は転入−転出を表示

[図表46] 福岡県への人口集中
（平成28年 単位：人）

県　名	福岡県から転入	福岡県へ転出	流出数
佐 賀 県	5,946	7,296	▲ 1,350
長 崎 県	5,980	8,769	▲ 2,789
熊 本 県	6,723	9,426	▲ 2,703
大 分 県	5,361	6,689	▲ 1,328
宮 崎 県	2,826	4,123	▲ 1,297
鹿児島県	4,536	5,798	▲ 1,262
沖 縄 県	2,301	2,411	▲ 110
合　　計	33,673	44,512	▲10,839

出典：「2016年住民基本台帳人口移動報告」

[図表47] 九州各県の１人当たり県民所得
（平成25年 単位：千円）

全国順位	県　名	県民所得額
22位	福 岡 県	2,831
33位	大 分 県	2,559
37位	佐 賀 県	2,513
42位	熊 本 県	2,422
43位	長 崎 県	2,419
44位	宮 崎 県	2,407
45位	鹿児島県	2,399

出典：「統計で見る都道府県のすがた2017」（総務省）

ま44年が経過し、ＪＲは基幹路線でもほとんどが単線。観光列車、ＪＲホテル、高速道路、空港など社会資本の整備は、西側と比較してかなり見劣りしているのが現状です。

　九州内の南北格差の例として、まず福岡県への人口集中です。本県から福岡県への流出は**図表45**のとおり、昭和33年をピークに縮小傾向で推移していましたが、昭和54年から拡大に転じ、平成28年は1,297人と過去２番目に高い水準となっています。また、**図表46**のとおり、九州内のほかの全ての

県から人口が流入していることがわかります。

　一方、九州各県の1人当たり県民所得を見ると、**図表47**のとおり、南九州3県が全国下位に位置していることがわかります。

※　　　　　　　　　※

　以上、「東京との格差」、九州内の「**東西格差**」と「**南北格差**」という本県が受けている3つの格差について確認しました。

　さらに今後は、2020年の東京オリンピック・パラリンピックに向けて、東京圏域への集中投資が行われるほか、それと連動する形で、函館から札幌へ、金沢から福井への新幹線、あるいはリニア新幹線が整備されていきます。また、東日本大震災からの復興という大きなテーマがあります。世界の目はここ数年、東と北に向かうこととなります。

　こうした動きの中で埋没しないよう宮崎県がしっかりと存在感を高めていく、あるいはその道筋をつける、「みやざき」の可能性を掘り起こし、着実に取り組んでいくということが、今後5年、10年の大きな課題ではないでしょうか。

　そのためには、受け皿となる企業の集積と稼ぐ力を強くする政策（第3章で具体的に述べます）を講じながら、県内への就職環境整備、例えば、①若者が宮崎の企業に触れあい、その良さ・魅力を知る、②保護者・教師の意識改革を促す、③成長期待企業などのPRを行う、④県内中小企業に対して産学金労官一体となったオール宮崎の支援体制が整っていることをPRして県内就職への不安を軽減する、あわせて、⑤若者層が宮崎に住みたくなる「わくわく感」[※]の演出などまちづくりも一体的に取り組んでいく必要があると考えます。

※安倍総理は、ある講演会で、「地方創生の先進事例として日南市の油津商店街を取り上げ、『ワクワクする元気感が地域再生の大きな原動力となっている。このワクワク感が地方創生の鍵である』と述べた」と報道されました（平成29年12月16日付け宮崎日日新聞）。

第 2 章

宮崎経済の全体像を「見える化」し、「稼ぐ力」の現状と課題をとらえる

経済の豊かさの指標である県内総生産及び1人当たり県民所得を向上させるためには、経済構造の全体像をとらえるとともに、経済構造を構成する各要素間のつながりから、具体的な課題を摘出することが重要です。本章では、筆者が独自に考えた本県の経済構造の相互連関図をもとに、本県経済構造の特徴を確認します。

はじめに　経済の構造を全体像としてとらえる

『問題解決の進め方』（ＮＨＫ出版：遠山紘司ほか）によると、「問題を認識し、（解決策を実施し）解決した後の最終段階である評価までの全体」は、次のように流れていきます。

| 問題発見 | → | 現状分析 | → | 解決策の立案 | → | 解決策の実施 | → | 結果の評価 |

講じた施策が有効であるか否かを判断するためには、「問題発見」から「結果の評価」までの一連のプロセスを、「つながり」を持って考える習慣づけが大切であり、その「つながり」を、ストーリー性をもって説明できるかが重要だということです。

第１章で確認した県内総生産額が約３兆5,000億円程度であることや、１人当たり県民所得が全国下位にあることなどは、マスコミ等で報道されますので県民のよく知り得る情報ですが、これだけでは県民所得を上げるための具体的な方向性や、ましてや対応策は、なかなかイメージできないのが現状ではないでしょうか。

所得を上げるための具体的な方向性を検討するためには、

　　　○誰が（Ｗｈｏ）
　　　○いつ（Ｗｈｅｎ）
　　　○どこで（Ｗｈｅｒｅ）
　　　○何を（Ｗｈａｔ）
　　　○何故に（Ｗｈｙ）
　　　○どうすれば（Ｈｏｗ）（いくらで〈Ｈｏｗ　Ｍｕｃｈ〉）

こうした観点に立って、県民１人ひとりの生活や企業ごとの活動を具体的にイメージしながら考えることが重要です。

[図表48] 宮崎県と市町村の財政状況（平成28年度決算）

	経常収支比率 ※	地方債残高
宮崎県	92.2%	8,788億円
市町村	91.1%	5,394億円

出典：宮崎県財政課及び市町村課資料。市町村の経常収支比率は、加重平均

※ 「経常収支比率」とは、「人件費、扶助費、公債費等の義務的性格の経常経費に、地方税、地方交付税、地方譲与税を中心とする収入たる一般財源がどの程度充当されているかを見ることにより、当該団体の財政構造の弾力性を判断するための指標」で、経常経費充当の一般財源÷経常一般財源総額で求められます。地方債残高とは、「地方公共団体が資金調達のために負担する債務であって、その返済が一会計年度を超えて行われる」地方債の年度末残高を表します。(以上、「地方財政小辞典」〈ぎょうせい〉)

　そのためには、まずは、経済構造の全体像をとらえることが大前提です。その上で、経済構造の各構成要素を「つながり」を持って考え、ストーリー性のある施策を立案する、このことが有効な施策の立案と効果の検証作業に不可欠だと考えます。逆に言えば、効果の検証作業ができない施策は思い切った見直しも必要です。

　特に図表48のとおり、地方自治体の財政事情が年々硬直化している今日、行政の打つ手は限られており、有効な施策の立案と効果検証作業への要請は、ますます高まっています。県民・企業側においても行政に頼る時代ではなくなっています。第1章で確認した現実を踏まえれば、民官協働での取り組みが求められています。

　以上を踏まえ、以下、経済構造の全体像を確認しますが、これからの説明は、基本的には、「平成23年宮崎県産業連関表結果報告書」(以下、単に「産業連関表」と言います)に基づいて行います。なお、産業連関表に示されていない指標や、より現在に近いデータを必要とする場合などは、「平成26年度宮崎県県民経済計算」(以下、単に「県民経済計算」と言います)を使用します。

「需要」「供給」「分配」のしくみ
── 産業連関表等を使って、宮崎県経済の全体像をとらえる ──

　私たちは日常生活や企業活動を行う上で様々な財・サービスにお金を支出（消費）しています。その1年間のトータルを総需要と言います。そして、その必要とされる財やサービスの供給（生産）元である県内での生産（県内産出）と県外・海外での生産（移輸入）との合計を総供給と言います。総需要と総供給の総額は等しく、宮崎県のその規模は8兆4,920億円です。そして総供給の中から県内産出額が、県内産出額から県内総生産額が導かれ、最終的に県民所得となって雇用者や企業経営者等に分配されていきます。

　ここで大切なことは、稼ぐ力の代表的な指標である県内総生産や県民所得は、「県内産出額」から生まれるのであって、「移輸入」からは決して生まれないということです。

　この8兆4,920億円は本県経済のさまざまなつながり（関係）から生み出されていますが、その動きを単純化し、しかも1枚の図表として「見える化」したものが図表49です。

　詳細は次節以下で説明しますが、総需要と総供給との関係を、各構成要素も含めて「見える化」することによって、本県の経済構造の全体像がはっきりと認識され、県民所得を上げるための具体的な方向性をイメージできるようになると考えます。読者の皆様の記憶に是非とどめていただきたい図表です。

　私たちは、財やサービスを生産する生産者（供給者）としての立場と、それらの財やサービスを消費する消費者（需要者）としての立場の両面をもっています。県民や事業所の皆さんには、その日々の生活や活動が県経済の需要や供給のどこに位置するのか、是非、意識や関心を持っていただくとともに、一人の政策立案者になったつもりで考えていただきたいと思います。そのことが宮崎の地域経済の活性化に不可欠な第一歩だと思います。

宮崎県経済のつながりを「見える化」する

[図表49] 宮崎県の経済構造（単位：10億円）

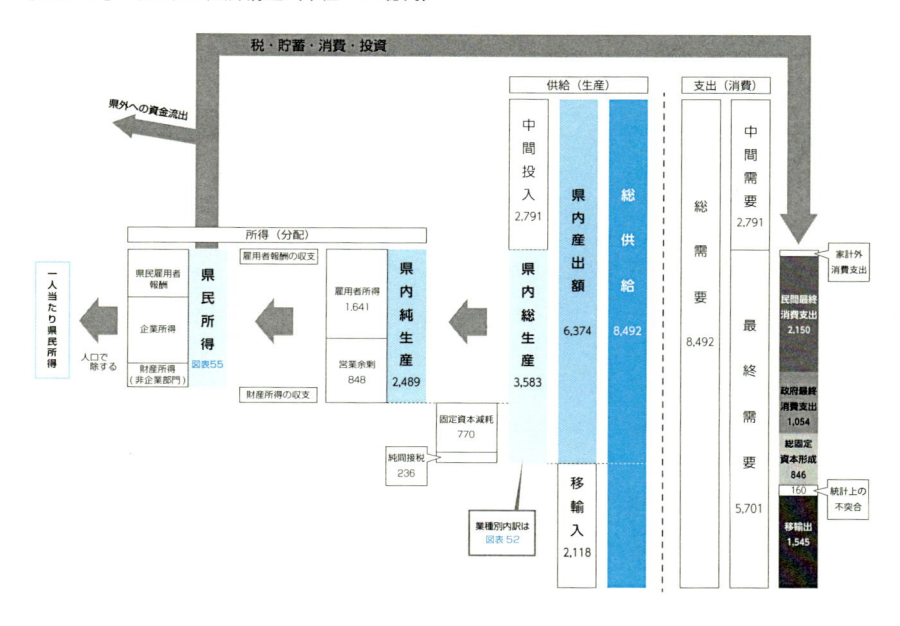

出典：「産業連関表」及び「県民経済計算」に基づいて筆者作成

 **第2節 財とサービスの購入はどのようになされているか**
—— 総需要の構造 ——

●県民や企業の財とサービスの購入総額＝総需要は8兆4,920億円

　私たち県民や企業は、日常生活や事業活動の中で様々な財・サービスにお金を消費しています。食事のための材料を買う、外食をする、洋服や靴、本を買う、映画をみる、旅行に行く……。企業では、人を雇う、材料を買う、機械を買う、工場を建設する……。国、県、市町村は、道路、橋、トンネルを建設したり、修繕する、庁舎を建設する、電気・水道などを使用する……。あるいはまた、本県を訪れた人も商品やサービスにお金を使っています。

　こうした宮崎県内で生活する県民や、活動を行う企業等が、生活や活動に必要な財・サービスを調達するために支出したお金の1年間の合計が「総需要」です。産業連関表によると、8兆4,920億円です。

　総需要8兆4,920億円の内訳を図表50で確認します。

●中間需要 —— 県内最終需要 —— 移輸出

　総需要は、大きく、中間需要と最終需要に分けられます。中間需要は、「各産業の生産活動に必要な原材料・燃料などの需要額」（「産業連関表」より）で、本県の場合、2兆7,911億円（総需要額に対する割合32.9％）となっています。これは後述する「中間投入」と同じ額になります。

　最終需要額は、総需要額から中間需要額を控除した額で、5兆7,009億円（同67.1％）となっています。最終需要は、さらに、県内最終需要と移輸出に区分され、県内最終需要は4兆1,558億円（同48.9％）、移輸出額は1兆5,451億円（同18.2％）となっています。ここで移輸出とは、県内で生産された財やサービスを県外や海外に売り込むことはもちろんのこと、県外や海外から人を呼び込んで県内で生産された財やサービスを消費してもらうことを含んでいます。

[図表50]　宮崎県の総需要とその内訳
　　　　　（「産業連関表」から）

需要項目の区分	金　額	構成比
総　　需　　要　　額	8兆4,920億円	100.0%
中　間　需　要　額	2兆7,911億円	32.9%
最　終　需　要　額	5兆7,009億円	67.1%
県内最終需要額	4兆1,558億円	48.9%
家計外消費支出	871億6,800万円	1.0%
民間最終消費支出	2兆1,497億4,900万円	25.3%
一般政府最終消費支出	1兆 537億2,300万円	12.4%
県内総固定資本形成	8,463億5,300万円	10.0%
（うち公的）	（2,357億5,800万円）	（2.3%）
在　　庫　　増	153億1,200万円	0.2%
調　　整　　項	34億9,500万円	
移　　輸　　出	1兆5,451億円	18.2%

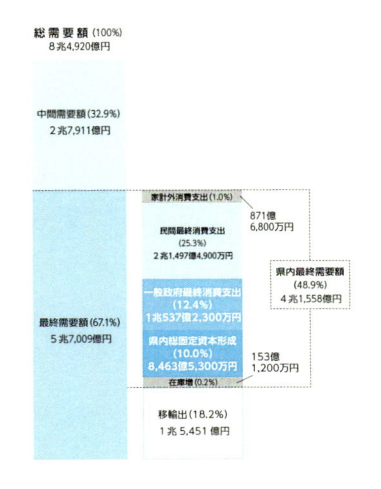

●県内最終需要４兆1,558億円の内訳

　県内最終需要は、さらに交際費、接待費、福利厚生費など企業等が支払う家計外消費支出、生活に必要な商品購入などの民間最終消費支出、国・県・市町村などの消費活動に費やされる一般政府最終消費支出、道路・橋・機械設備・工場建設などに費やされる県内総固定資本形成、部品・仕掛品・商品など販売を目的に保管所有している在庫増に区分されます。

　家計外消費支出は871億6,800万円（1.0%）、民間最終消費支出は2兆1,497億4,900万円（25.3%）、一般政府最終消費支出1兆537億2,300万円（12.4%）、県内総固定資本形成8,463億5,300万円（10.0%）などとなっています。

　以上が、総需要の内容です。具体的な数字はともかく、総需要とこれを構成する主な項目（民間最終消費支出、一般政府最終消費支出、県内総固定資本形成及び移輸出）との関係をしっかりと確認しておくことが大切です。

第3節 総需要はどのように満たされているか
── 総供給の構造 ──

●総供給の県内と県外の比は３：１

　この総需要を満たすために、供給がどうなっているかを図表51で確認します。総供給は前述のように総需要と同じ8兆4,920億円です。この内訳は、県内で生産された財・サービスの供給が6兆3,737億円（総供給に対する割合75.1%）、県外や海外で生産された財・サービスの供給（「移輸入」といいます）が、2兆1,183億円（同24.9%）となっています。

　ここで移輸入とは、財やサービスを県外や海外から調達するのはもちろんのこと、県民が県外や海外で消費する財やサービスも含んでいます。例えば、旅行や出張で東京に行く、そこで食事をする、電車やタクシーに乗る、ホテルに泊まる、お土産品を買うなどです。県外に旅行するとつい気が大きくなって必要以上のものを買ったり、高いものを食べたり飲んだりしますが、読者の皆様は如何ですか。

2-3-❶ **県内産出は総供給の75%で、粗付加価値額は42%**

[図表51] 宮崎県の総供給額とその内訳
（「産業連関表」から）

供給項目の区分	金　額	構成比
総供給額	8兆4,920億円	100.0%
県内産出額	6兆3,737億円	75.1%
中間投入額	2兆7,911億円	32.9%
粗付加価値額	3兆5,826億円	42.2%
移輸入額	2兆1,183億円	24.9%

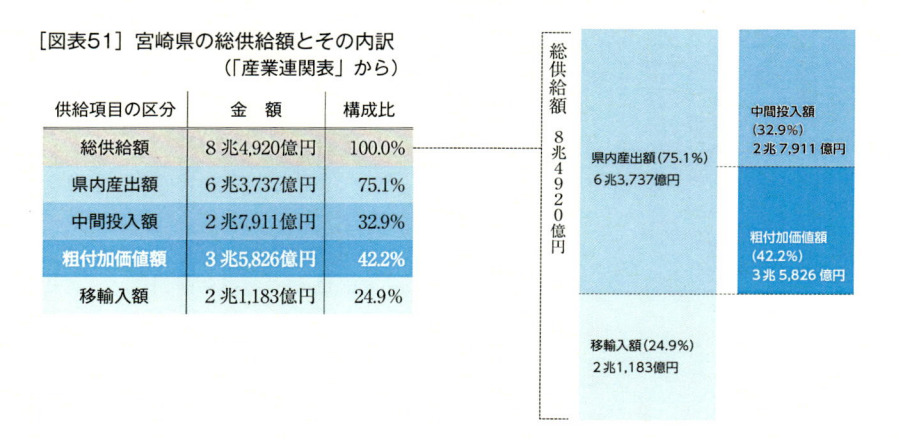

総供給額
8兆4920億円

県内産出額（75.1%）
6兆3,737億円

中間投入額
（32.9%）
2兆7,911億円

粗付加価値額
（42.2%）
3兆5,826億円

移輸入額（24.9%）
2兆1,183億円

地元新聞に、県内百貨店において北海道や京都、金沢などの県外物産展の記事が載ることがあります。特に、「北海道展」は人気のようです。その県内百貨店における2014年度の「北海道展」(北海道主催)の売り上げは、３億8,900万円で全国５位のようです。これは、百貨店のマージンを除けば、すべて北海道からの「移入」ということになります。２兆1,183億円規模の移輸入ということを、念頭に入れておく必要があります。

● 宮崎県の県内総生産（粗付加価値額）は経済規模の42.2%

　県内で生産された財・サービスの供給６兆3,737億円のうち、中間投入額(中間需要額と同額になります)が２兆7,911億円、１年間で生まれた粗付加価値額、つまり県内総生産は、３兆5,826億円（同42.2%）となっています。

　中間投入とは、「各産業の生産活動に必要な原材料・燃料等の財・サービスの購入費用」をいいます（「産業連関表」より）が、原材料・燃料費のほか、間接費等として消費された非耐久財・サービス、固定資産の維持補修費、研究開発調査費も含むとされています。なお、研究開発費は、平成27年度から、「経費」としての取り扱いから「投資」に変更され、総生産額に含めるようになりました。

● 飲食料品、医療福祉が増加 ── 農水産業、建設業は減少

　この県内総生産を産業別に分類したものが次ページの図表52です。

　農林水産業は、農業が次第に生産額を下げており全体としては減少傾向にあります。製造業は、その中で最もウエイトの高い飲食料品が堅調に推移しているほか、プラスチックゴム、電気機械が順調に伸びている一方、金属製品や電子部品は減少傾向にあります。建設業は減少が大きく、商業・サービスは、不動産、医療福祉、対事業所サービスが増加傾向にある一方、商業、金融保険などが減少傾向にあります。

　各産業のシェアは平成23年で、農林水産業4.8%、製造業13.0%、建設業5.2%、商業11.1%、金融不動産15.3%、運輸通信8.2%、医療福祉11.1%、公務8.2%などとなっています。

2-3-❷　産業別総生産額にはバラつきがある

[図表52]　宮崎県の県内総生産額の業種別内訳（単位：百万円、%）

	平成12年	構成比（%）	平成17年	構成比（%）	平成23年	構成比（%）
農　　　　業	114,327	3.1	95,039	2.6	87,638	2.4
畜　　　　産	25,222	0.7	51,361	1.4	38,401	1.1
林　　　　業	31,291	0.8	59,171	1.6	25,222	0.7
漁　　　　業	28,086	0.8	20,503	0.6	20,852	0.6
鉱　　　　業	4,016	0.1	3,082	0.1	1,612	0.0
飲　食　料　品	174,391	4.7	147,860	4.1	167,900	4.7
繊　維　製　品	22,577	0.6	26,423	0.7	15,321	0.4
パルプ紙木製品	46,517	1.3	33,732	0.9	30,365	0.8
化　学　製　品	60,850	1.6	52,733	1.5	36,603	1.0
石　油　石　炭	1,700	0.0	1,251	0.0	1,499	0.0
プラスチックゴム	29,781	0.8	37,421	1.0	40,452	1.1
窯　業　土　石	21,109	0.6	16,650	0.5	13,107	0.4
鉄　　　　鋼	3,068	0.1	7,986	0.2	13,803	0.4
非　鉄　金　属	121	0.0	274	0.0	778	0.0
金　属　製　品	15,089	0.4	18,337	0.5	10,973	0.3
は　ん　用　機　械	6,573	0.2	6,906	0.2	3,091	0.1
生　産　用　機　械	11,810	0.3	13,538	0.4	9,270	0.3
業　務　用　機　械	8,489	0.2	10,475	0.3	14,366	0.4
電　子　部　品	84,194	2.3	71,579	2.0	43,408	1.2
電　気　機　械	17,972	0.5	10,220	0.3	26,667	0.7
情　報　通　信　機　器	3,130	0.1	9,462	0.3	8,778	0.2
輸　送　機　械	8,577	0.2	13,657	0.4	10,227	0.3
そ　の　他　製　造	18,116	0.5	17,863	0.5	18,027	0.5
建　　　　設	368,321	10.0	275,334	7.6	186,857	5.2
電　気　ガ　ス	51,227	1.4	54,712	1.5	52,809	1.5
水　　　　道	14,932	0.4	15,465	0.4	15,301	0.4
廃　棄　物　処　理	24,136	0.7	25,395	0.7	25,599	0.7
商　　　　業	381,305	10.3	437,431	12.0	399,322	11.1
金　融　保　険	141,154	3.8	156,206	4.3	124,780	3.5
不　　動　　産	337,524	9.1	339,208	9.3	420,911	11.8
運　輸　郵　便	163,444	4.4	170,533	4.7	169,863	4.7
情　報　通　信	129,041	3.5	119,601	3.3	123,655	3.5
公　　　　務	296,059	8.0	280,721	7.7	294,708	8.2
教　育　研　究	207,141	5.6	194,258	5.4	218,016	6.1
医　療　福　祉	387,124	10.5	350,183	9.6	398,178	11.1
非　　営　　利	25,301	0.7	23,320	0.6	25,541	0.7
対　事　業　所　サ	167,346	4.5	204,207	5.6	267,038	7.5
対　個　人　サ	251,493	6.8	258,381	7.1	205,540	5.7
事　務　用　品	0	0.0	0	0.0	0	0.0
分　類　不　能	17,931	0.5	-1,607	0.0	15,739	0.4
計	3,700,927	100.0	3,630,153	100.0	3,582,030	100.0

出典：「産業連関表」から、「総生産＝産出額×付加価値率（1 −中間投入率）」の方式により筆者算出

[図表53] 宮崎県の各産業のシェアと特化係数及びそのレーダーチャート

		H13年度		H26年度		H26年度の特化係数
		本県	国	本県	国	
第 1 次 産 業		4.9	1.4	4.3	1.2	3.6
	農　　　業	4.0		3.6		3.6
	林　　　業	0.4		0.3		8.3
	水　産　業	0.6		0.5		4.8
第 2 次 産 業		20.7	26.5	22.5	24.7	0.9
	鉱　　　業	0.2		0.1		0.8
	製　造　業	12.1		14.1		0.8
	建　設　業	8.4		8.2		1.4
第 3 次 産 業		74.1	71.1	72.0	73.4	1.0
	電気ガス水道	2.4		1.8		0.9
	卸売小売り	12.5		10.8		0.8
	金融保険	3.7		3.4		0.8
	不動産業	9.4		11.7		1.0
	運　輸　業	4.3		3.9		0.8
	情報通信業	3.8		3.6		0.7
	サービス業	22.0		21.5		1.1
	政府サービス生産者	13.9		12.4		1.4
	対家計民間非営利サービス生産者	2.2		2.4		1.3

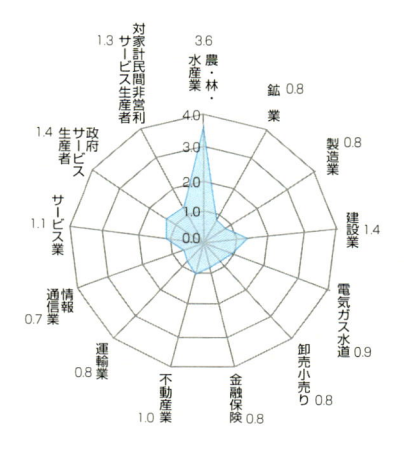

出典：「県民経済計算」。特化係数＝県内総生産の産業別構成比÷国内総生産の産業別構成比

●農林水産業と建設業が比較優位の産業構成

　また、データの出所は異なりますが、各産業の総生産額に占めるシェア及びそのシェアの全国との比較を表す特化係数は、図表53のとおりです。

　特化係数は、県内総生産の産業別構成比を国内総生産の産業別構成比で割った値（＝ある産業が県内総生産額に占める割合の全国比較）です。

　図表で確認できるように、第1次産業は県内総生産額に占める割合は、4.9％から4.3％とシェアは低くなりつつありますが、特化係数は3.6と高く、特に、林業は8.3と極めて高くなっています。一方、第2次産業では、製造業が0.8と低く、建設業が1.4と高くなっています。これらのことから、宮崎県は農林水産業と建設業が比較優位の産業であると言えます。

2-3-❹　下がってきている宮崎県の粗付加価値と県内純生産

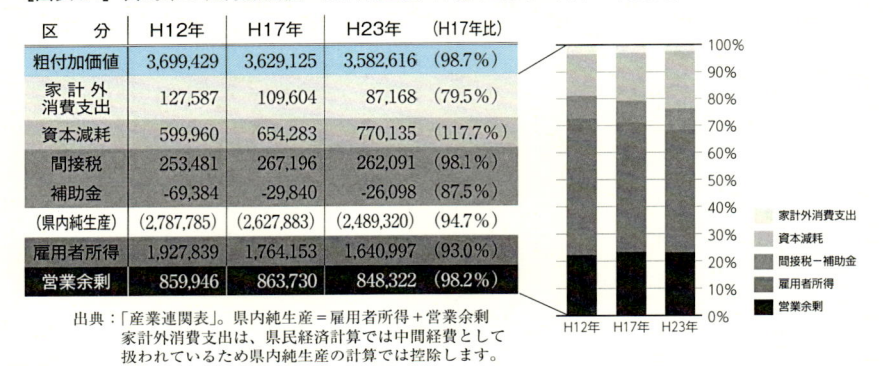

[図表54]　宮崎県の粗付加価値・県内純生産の内訳と推移（単位：百万円）

区　分	H12年	H17年	H23年	（H17年比）
粗付加価値	3,699,429	3,629,125	3,582,616	（98.7％）
家計外消費支出	127,587	109,604	87,168	（79.5％）
資本減耗	599,960	654,283	770,135	（117.7％）
間接税	253,481	267,196	262,091	（98.1％）
補助金	-69,384	-29,840	-26,098	（87.5％）
（県内純生産）	(2,787,785)	(2,627,883)	(2,489,320)	（94.7％）
雇用者所得	1,927,839	1,764,153	1,640,997	（93.0％）
営業余剰	859,946	863,730	848,322	（98.2％）

出典：「産業連関表」。県内純生産＝雇用者所得＋営業余剰
家計外消費支出は、県民経済計算では中間経費として
扱われているため県内純生産の計算では控除します。

●県民所得の原資は減ってきている

　図表54に見るとおり、平成23年の粗付加価値（県内総生産）３兆5,826億円は、宮崎県という地域に着目し、しかも、消費税等の間接税や補助金の影響を含む市場での取引価格ですから、宮崎県民という「人」に着目した県民所得を算出するためには、これらの要素を調整する必要があります。

　具体的には、県内総生産から、まず固定資本減耗分を控除し、さらに、間接税を控除し、補助金の影響を加えたものが「県内純生産」になります。固定資本減耗は、「固定資産は使用すれば必ず減耗しますので、その分を取り除くことで生産の過大評価を防ぐ」（富山大学小柳教授）というもので、工場や機械の使用による価値の減少分を意味しています。また、間接税は実際の価格より市場価格を高くしており、財・サービスの本来の価格を算定するには、これを控除する必要があり、補助金は実際の価格より市場価格を低くする効果があるため、これを加える必要があります。

　平成23年は、県内純生産が２兆4,893億円、これが分配の原資となります。その内訳は、雇用者所得（県内雇用者報酬）が１兆6,409億9,700万円、営業余剰8,483億2,200万円となっています。

県全体の経済力を示す
── 分配の構造

第4節

● 全国比最下位水準の県民所得・県民雇用者報酬

　県内純生産から財産所得や雇用者報酬の県外との受取・支払を調整したものが「県民所得」（図表55）となり、この県民所得を人口で割ったものが、1人当たり県民所得となりますが、産業連関表では示されていません。県民経済計算では、第1章で確認したとおりの推移をたどっています。

　あらためて図表6及び図表8で確認すると、平成26年度の1人当たり県民所得は238万1,000円、全国44位となっています。人口は、子供や退職者など

2-4-❶ **全国最下位水準からぬけきらない「豊かさ」指標**

［図表55］県民所得の推移（単位：百万円）

区　分	平成24年度	平成25年度	平成26年度
県民所得	2,564,478	2,672,732	2,653,148
（内訳）県民雇用者報酬	1,637,858	1,642,591	1,670,283
財産所得	134,827	44,152	156,850
企業所得	791,793	885,989	826,015

出典：「県民経済計算」

［図表56］労働分配率（単位：％）

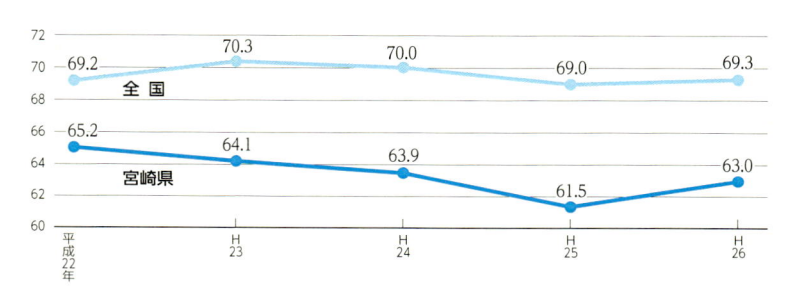

出典：「県民経済計算」

の非労働力を含む全人口であるため、「1人当たり県民所得」で比較することが必ずしも県民の経済力をストレートに表すものではありませんが、一方で、この県民所得は、企業所得を含んでいるためその県の全体の経済力、すなわち稼ぐ力を表す指標として従来から使用されています。

　より実態に近いものとしては「1人当たりの県民雇用者報酬」という指標があります。これは、県民雇用者報酬を県民雇用者数で除したもので、本県は、図表11で確認したように、平成26年度が376万1,000円となり、全国45位となっています。ちなみに、全国を100とすると本県は80.1となっています。

　労働分配率は県民経済計算では、県民雇用者報酬を県民所得で除して求めます。平成26年度は図表56のとおり、本県は63.0％、全国は69.3％で、本県は全国より6.3ポイント下回っています。

●県民所得は「移輸入」からは生まれない‼

　以上が生産・分配の流れです。

　ここで確認すべきことは、前述したとおり、「県内産出額」から「粗付加価値（県内総生産）」が導かれ、「粗付加価値（県内総生産）」から「固定資本減耗」や「間接税・補助金」を調整して、最終的に「県民所得」が導かれるという流れです。県民所得は、決して「移輸入」から生まれるのではないということです。

　そして、この県民所得は、一部は、国、県、市町村の税金や社会保険料として徴収され一般政府最終消費支出などの財源となり、また、一部は消費や投資となって民間需要を生み出す財源に、残りは貯蓄や内部留保となって家計や企業に蓄えられ、あるいは県外の学生への仕送りなどとなって支出されていきます。

　平成23年における113万人県民の日々の生活や5万数千に及ぶ事業所の日常活動の積み上げが8兆4,920億円という経済の規模になるわけです。県民及び企業経営者の皆様には、日々の生活や活動が8兆4,920億円の中のどこに位置するのか、是非、興味や関心を持ってその意味について考えていただきたいと思っています。

第5節 課題としての県際収支の大幅赤字
──「外貨を稼ぐ力」が弱い宮崎県 ──

● 県民所得の行く末に直結する県際収支

　ここで、「県際収支」について説明をしておきたいと思います。移輸出から移輸入を引いたものを「県際収支」と呼んでいます。これはどれほど「外貨を稼いでいるか」を表しています。一般に、県際収支は、地方、特に日本列島の端に位置するような地域では、マイナスとなるケースが多いようですが、ここに大きな課題があります。

　重要な公式について補足します。Y＝C＋I＋（X－M）という式です。「Y」はYield（生産）、「C」はConsumption（消費）、「I」はInvestment（投資）、「X」はExport（輸出）、「M」はImport（輸入）を表します。そして、（X－M）を県際収支といいます。図表57で確認します。左側（供給側）の県内総生産をY、移輸入をMと表します。右側（需要側）の消費をC、投資をI、移輸出をXと表しますと、中間投入と中間需要は同じですので、

　　　Y＋M＝C＋I＋X

という式が成り立つことは一目瞭然です。Mを右辺に移項しますと、

　　　Y＝C＋I＋（X－M）

という式が成り立つことがわかります。この式から言えることは、県際収支は、県内総生産、ひいては県民所得の行く末に直結しているということです。県内総生産を伸ばすために、消費（C）や投資（I）を喚起する施策を講じても、県際収支がマイナスであれば、効果は限定的であるということです。

● 本県の県際収支は経済規模比6.75％のマイナス

　本県の県際収支の推移は、図表58のとおりです。本県は、この県際収支が大きくマイナスとなっています。平成23年は、マイナス5,731億9,800万円（経済規模に対する割合は6.75％）となります。

2-5-① 「外貨を稼ぐ力」が弱い宮崎県

[図表57] 経済構造と県際収支との関係

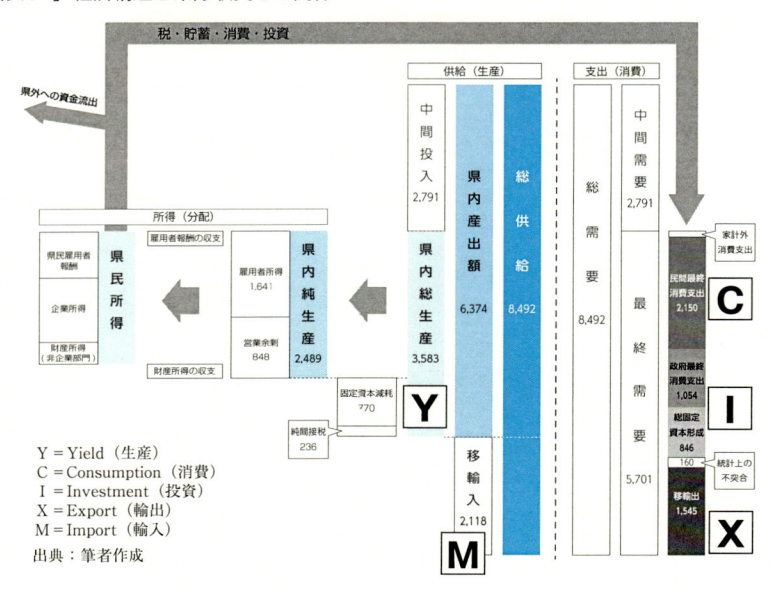

[図表58] 本県の県際収支の推移（単位：百万円）

区　分	平成12年	平成17年	平成23年
移 輸 出	1,726,168	1,622,905	1,545,066
移 輸 入	2,218,647	2,211,522	2,118,263
県際収支	▲492,479	▲588,617	▲573,198

出典：「産業連関表」

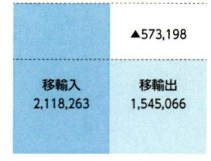

平成12年　　　　平成17年　　　　平成23年

2-5-❷ 業種によって差がある「稼ぐ力」

[図表59] 業種ごとの県際収支の推移（単位：百万円）

	平成12年	平成17年	平成23年		平成12年	平成17年	平成23年
農　　　業	35,224	42,051	10,773	輸 送 機 械	-131,612	-110,478	-138,508
畜　　　産	36,219	33,920	16,563	そ の 他 製 造	-40,696	-48,525	-45,366
林　　　業	10,413	3,841	4,018	建　　　設	0	0	0
漁　　　業	22,910	31,017	35,127	電 気 ガ ス	-49,822	-44,888	-45,518
鉱　　　業	-7,818	-11,317	-12,142	水　　　道	11	33	29
飲 食 料 品	94,887	62,326	67,506	廃 棄 物 処 理	0	3	4
繊 維 製 品	-28,105	-1,583	-54,818	商　　　業	-178,110	-165,946	-57,459
パルプ紙木製品	28,401	8,902	11,578	金 融 保 険	-22,404	-28,215	-1,703
化 学 製 品	-66,028	-52,770	-80,046	不 動 産	-13	-4	-4
石 油 石 炭	-97,578	-155,651	-139,901	運 輸 郵 便	45,176	15,432	23,765
プラスチックゴム	26,288	54,146	85,045	情 報 通 信	791	-36,477	-123,214
窯 業 土 石	-30,988	-46,912	-11,886	公　　　務	0	0	0
鉄　　　鋼	-16,324	-11,355	672	教 育 研 究	-1,876	-3,334	-3,779
非 鉄 金 属	-20,618	-27,382	-27,467	医 療 福 祉	-3,349	13	9
金 属 製 品	-59,699	-41,647	-26,280	非 営 利	-1	-37	-97
はん用機械	-25,910	-24,515	-27,325	対 事 業 所 サ	-25,419	-82,146	-50,107
生 産 用 機 械	-38,472	-36,112	-34,405	対 個 人 サ	27,313	14,992	21,723
業 務 用 機 械	-26,813	-30,869	-29,838	事 務 用 品	0	0	0
電 子 部 品	131,693	156,499	92,868	分 類 不 能	2,659	-394	-2,225
電 気 機 械	-25,942	-38,899	2,361	計	-492,479	-588,617	-573,197
情 報 通 信 機 器	-56,866	-12,337	-33,149				

出典：「産業連関表」

　業種ごとに見た県際収支の推移は、**図表59**のとおりです。

　図表からわかるとおり、本県においては、県際収支がプラスで推移している業種、いわば外貨を稼いでいる業種は、農林水産業、飲食料品、パルプ紙木製品、プラスチック・ゴム、電子部品、運輸・郵便、対個人サービスなどです。

　一方、マイナスで推移している主な業種は、繊維製品、化学製品、石油石炭製品、窯業土石、非鉄金属、金属製品、はん用・生産用・業務用機械、情報通信機器、輸送機械、電気ガス、商業、金融保険、情報通信、対事業所サービスなど多岐にわたっていますが、特に、製造業に属する業種に多く見られます。

2-5-③ **県際収支の経済規模比マイナス幅は九州一**

[図表60] 九州各県の経済規模と県際収支（単位：億円、％）（平成23年）

	経済規模	移輸出	移輸入	県際収支	県際収支／経済規模
福 岡 県	458,628	131,620	125,550	6,070	1.32%
佐 賀 県	66,566	15,898	16,946	-1,048	-1.57%
長 崎 県	100,132	19,506	24,675	-5,169	-5.16%
熊 本 県	134,452	25,895	34,505	-8,610	-6.40%
大 分 県	152,508	47,431	47,189	242	0.16%
宮 崎 県	84,920	15,451	21,183	-5,732	-6.75%
鹿 児 島 県	124,173	24,969	30,895	-5,926	-4.77%
沖 縄 県	81,014	9,414	18,826	-9,412	-11.62%

出典：各県「産業連関表」に基づき筆者作成

●九州一の経済規模比マイナス幅の圧縮をどう図るか

　経済規模（総供給額や総需要額）に対する県際収支額の割合について、九州各県を比較したものが図表60です。福岡県と大分県がプラスになっている以外はすべてマイナスとなっています。その中でも、経済規模に対するマイナス幅は、沖縄県を除けば本県が最も大きいことがわかります。

　仮に、鹿児島県の−4.8％並みに県際収支の赤字幅を抑えるとすると、8兆4,920億円の4.8％ですから、5,732億円を4,076億円に圧縮しなければならないことになります。あと、1,656億円の圧縮です。第3章で具体的に述べますが、このマイナス幅を圧縮していく、さらにはプラスにしていくためには、「売り込む」「呼び込む」ことで外貨を稼ぎ、「置き換える」ことで移輸入を抑えていくという両面での取り組みが必要になってきます。

　なお、データの出所は異なりますが、近年における47都道府県の県際収支の推移は図表61のとおりです。

　東京都が圧倒的にプラスとなっている（外貨を稼いでいる）ほか、愛知県、大阪府、静岡県などが続いています。東京圏域に属する神奈川県や埼玉県、千葉県は、東京都との関係でマイナスになっていると考えられます。このほか、北海道や奈良県が1兆円を超えるマイナスとなっています。

[図表61] 都道府県別県際収支（過去5年間）（単位：百万円）

	平成22年度	平成23年度	平成24年度	平成25年度	平成26年度
東 京 都	29,089,968	28,085,635	26,606,388	27,842,470	27,113,254
愛 知 県	3,650,392	3,981,869	5,213,328	4,341,564	4,695,665
大 阪 府	4,608,487	4,862,600	4,669,043	4,399,230	4,384,132
静 岡 県	1,481,595	846,084	988,699	1,035,577	1,084,737
群 馬 県	539,498	533,588	472,976	522,297	830,984
広 島 県	734,883	767,955	746,247	779,877	822,097
山 口 県	827,707	721,632	615,778	747,433	724,234
栃 木 県	970,783	625,144	450,357	895,919	688,772
茨 城 県	638,023	766,597	693,568	508,191	687,210
福 岡 県	803,261	854,412	644,921	472,993	573,199
滋 賀 県	720,154	649,776	339,691	414,437	428,895
三 重 県	234,250	170,638	251,941	472,054	249,523
大 分 県	207,168	172,756	228,110	188,332	210,371
岐 阜 県	65,954	52,263	49,260	17,324	202,846
富 山 県	67,834	143,433	107,139	99,454	146,756
岡 山 県	324,912	238,143	17,290	135,199	85,625
徳 島 県	34,775	28,346	17,577	42,632	66,698
石 川 県	19,577	-21,912	-58,443	835	25,591
長 野 県	57,691	-184,806	-207,478	-249,974	-84,362
山 梨 県	-22,512	-77,299	-150,379	-130,773	-117,954
福 井 県	122,820	66,582	-96,617	-133,156	-130,339
島 根 県	-177,294	-104,689	-153,466	-166,866	-154,365
新 潟 県	-374,517	-210,218	-304,552	-415,065	-225,934
香 川 県	-24,508	-28,722	36,573	-216,682	-285,200
佐 賀 県	-222,929	-239,044	-289,082	-322,710	-306,591
熊 本 県	-332,245	-301,862	-280,560	-414,994	-365,070
和歌山県	-80,114	-200,973	-343,972	-387,341	-378,259
鳥 取 県	-283,076	-330,655	-366,154	-410,859	-394,092
宮 崎 県	-448,315	-401,871	-427,904	-426,994	-394,439
長 崎 県	-237,687	-335,930	-315,513	-415,376	-479,288
青 森 県	-548,546	-602,529	-588,674	-599,860	-538,572
秋 田 県	-614,930	-592,871	-632,002	-695,168	-639,060
山 形 県	-440,210	-541,890	-668,136	-713,976	-655,277
兵 庫 県	-496,403	-461,929	-932,636	-1,148,538	-699,822
岩 手 県	-335,476	-701,609	-607,106	-701,325	-704,022
鹿児島県	-662,098	-743,778	-815,923	-897,781	-797,120
沖 縄 県	-748,583	-707,684	-763,405	-838,956	-850,628
宮 城 県	-445,377	-1,752,216	-1,044,011	-1,019,353	-855,590
高 知 県	-740,352	-835,122	-815,852	-847,675	-866,195
福 島 県	370,716	-438,865	-630,916	-740,133	-911,277
愛 媛 県	-797,260	-676,605	-894,725	-915,655	-924,692
京 都 府	-726,282	-772,791	-823,425	-1,066,503	-973,480
奈 良 県	-757,603	-864,765	-898,028	-949,146	-1,049,093
北 海 道	-1,375,115	-1,801,058	-1,936,606	-1,962,107	-1,947,404
千 葉 県	-1,743,922	-2,373,376	-2,589,061	-2,472,239	-2,395,091
埼 玉 県	-2,233,955	-2,015,985	-3,019,403	-2,829,321	-2,789,273
神奈川県	-3,270,900	-2,996,377	-3,694,807	-3,714,861	-3,899,437

※平成26年度を基準に、黒字の大きい都道府県から並べ替え
出典：内閣府資料に基づき著者作成
 注 ：愛知県は、県際収支に統計上の不突合にかかる数値が含まれています。

# 移輸出力を伸ばし、誘発（相乗）力を高める
—— 宮崎県経済活性化への道 ——

● 県内産出額への波及力が高い「移輸出」

　誘発係数というのがあります。これは、１単位の最終需要が生じたときに、供給側（県内産出額や移輸入額）に波及する力を表すものです。このことによって、需要側の動きが供給側にどのように波及していくかを見ることができます。

　図表62は、需要項目ごとに、県内産出に波及する「生産誘発係数」と、移輸入に波及する「移輸入誘発係数」を示したものです。これをみると、平成23年の生産誘発係数は、「家計外消費支出」が1.1366、「一般政府最終消費支出」が1.2656、「移輸出」が1.4351、と「１」を超えているのに対して、「民間最終消費支出」と「県内総固定資本形成」は、それぞれ0.9435、0.7951と「１」を下回っています。

　これらの係数と需要額の規模を考えると、「移輸出」が最も生産面への誘発力が高く、「移輸入」への波及は相対的に低いことがわかります。県民所得につながる県内産出額に波及する力は、「移輸出」が最も強いということです。

● シナジー効果が弱い宮崎県経済

　一方、図表50で確認したように需要額の規模が最も大きい「民間最終消費支出」が「１」を下回っていますが、これは仮に１億円の消費喚起策を講じたとしても県内には9,435万円しか波及せず、3,761万円は県外に流出してしまうことを意味しています。

　民間消費喚起策として自治体がプレミアム商品券を発行するケースが見られますが、投入した資金が地域内でしっかり循環するような工夫が必要です。

　「県内総固定資本形成」も同様のことが言えますが、この項目は、「公的」

2-6-❶ 需要（消費）は供給（生産）を誘発する。各項目には差がある。

[図表62] 需要項目の供給面への誘発係数の推移

区　　　分		平成12年	平成17年	平成23年
家計外消費支出	生産誘発係数	0.9751	0.9706	1.1366
	移輸入誘発係数	0.4490	0.4306	0.3371
民間最終消費支出	生産誘発係数	0.9710	0.9319	0.9435
	移輸入誘発係数	0.3858	0.3960	0.3761
一般政府最終消費支出	生産誘発係数	1.2139	1.2547	1.2656
	移輸入誘発係数	0.1586	0.1866	0.1693
県内総固定資本形成	生産誘発係数	0.9702	0.9348	0.7951
	移輸入誘発係数	0.5015	0.5202	0.5696
移輸出	生産誘発係数	1.3899	1.4203	1.4351
	移輸入誘発係数	0.3599	0.3932	0.3964

出典：「産業連関表」

[図表63] 主な需要項目の各県・国の生産誘発係数（平成23年）

県　　　名	民間最終消費	政府最終消費	総固定資本形成		移輸出
			公　的	民　間	
福　岡　県	0.8928	1.2525	1.1664	0.5159	1.3447
佐　賀　県	0.9610	1.1646	1.2049	0.7908	1.3840
長　崎　県	0.9835	1.2435	0.9131		1.4088
熊　本　県	0.9651	1.2253	0.8693		1.3706
大　分　県	0.8003	1.1640	0.7759		1.3920
宮　崎　県	0.9435	1.2656	1.1285	0.6664	1.4351
鹿 児 島 県	0.8797	1.1970	1.1624	0.7232	1.4123
沖　縄　県	1.0344	1.2478	1.2673	0.9795	輸 1.2818 移 1.3886
滋　賀　県	0.7398	1.1699	1.0523	0.6094	1.2144
富　山　県	0.9206	1.1339	0.9803		1.3504
国	1.5450	1.5697	1.8320		2.1502

出典：各県「産業連関表」
注　：需要額の少ない「家計外消費支出」と「在庫増」を除きました。

部門に比べて「民間」部門が特に低く（図表63）、企業等が工場や設備を建設・導入する場合、相対的に資金が県外に流出しやすい構造となっています。

　言い方を変えれば、本県の経済構造は、県内で発生した需要をしっかり受け止める構造になっていない、シナジー効果が弱いことを表しています。

●「移輸出」を伸ばすことこそ本県経済を活性化する

　主な需要項目の生産誘発係数について九州各県等との比較をしたものが、図表63です。

　「民間最終消費支出」は、沖縄県が1.0344と唯一「１」を上回っている以外はすべての県で「１」を下回っており、本県は九州の中では下位に位置しています。また、「総固定資本形成」の「民間部門」も、比較可能な県の中では下位に位置しています。

　一方、「移輸出」は、九州各県では最も生産誘発係数が高く、本県においては、移輸出に力を入れるべきであることがわかります。問題解決の第一歩は、「不得手なところに時間を使って」はならず、「自らの強みに集中する」ことだと言われています。需要面で最も強みである「移輸出」を伸ばす、すなわち、外貨を獲得する政策、言葉を換えれば、「売り込む」ことと「呼び込む」ことに、まずは取り組むことが重要だということになります。

第3章
経済構造を踏まえて宮崎経済の方向性を考える

「みやざき」の発展はどのようにしたら可能なのか。その可能性を探るため、前章で見た本県の経済構造の相互連関図から見える10のポイントについて、詳しく見ていきます。その道はさまざまにあります。持続的発展の可能性に満ちた「みやざき」実現に向けての輝かしい扉が、私たちの前途にひらいていることを確認していきます。

第1節 「稼ぐ力」を強くしていく
── その10のポイント

　第2章では、総需要をまかなう総供給から県民所得に至る流れを確認しました。再度整理しますと、

　　総需要　──→　総供給　──→　県内産出額　──→　県内総生産
　　──→　県内純生産　──→　所得の調整　──→　県民所得　──→
　1人当たり県民所得

という流れです。

　「その県の稼ぐ力はどの程度か」を見る代表的な指標である県民所得及び「県民がどの程度豊かか」を見る1人当たり県民所得を上げるためには、この流れの逆を見ていけばよいことになります。

　すなわち、所得の流入を図ることで県内純生産を増やし、産業を活発化させるとともに中間投入を可能な限り抑制することで県内総生産を増やし、県内産出額の増加につなげていけばよいことが分かります。そして、この県内産出額を増やすためにどうすればよいかと考えることが「稼ぐ力を強くする」方向性を考える出発点になります。

　その流れを踏まえ、「稼ぐ力を強くする」ためのポイントについて、**図表64**を見ながら確認したいと思います。

　供給を増やしても、需要がなければ（売れなければ）、在庫が積みあがるだけです。人口減少という需要の縮小圧力のもとにあってはなおさら、需要をしっかりと押さえ、需要の維持拡大を図る方法を考える必要があります。しかも、国や地方自治体が、政策的操作を通じて短期的に動かすことができるのは、この「需要」です。

　「需要」を起点に、供給・分配までの「つながり」を意識的に考えていくことが大切です。

3-1-❶ 「需要」を起点に、供給・分配までの「つながり」をおさえる

[図表64]　稼ぐ力を強くするポイント

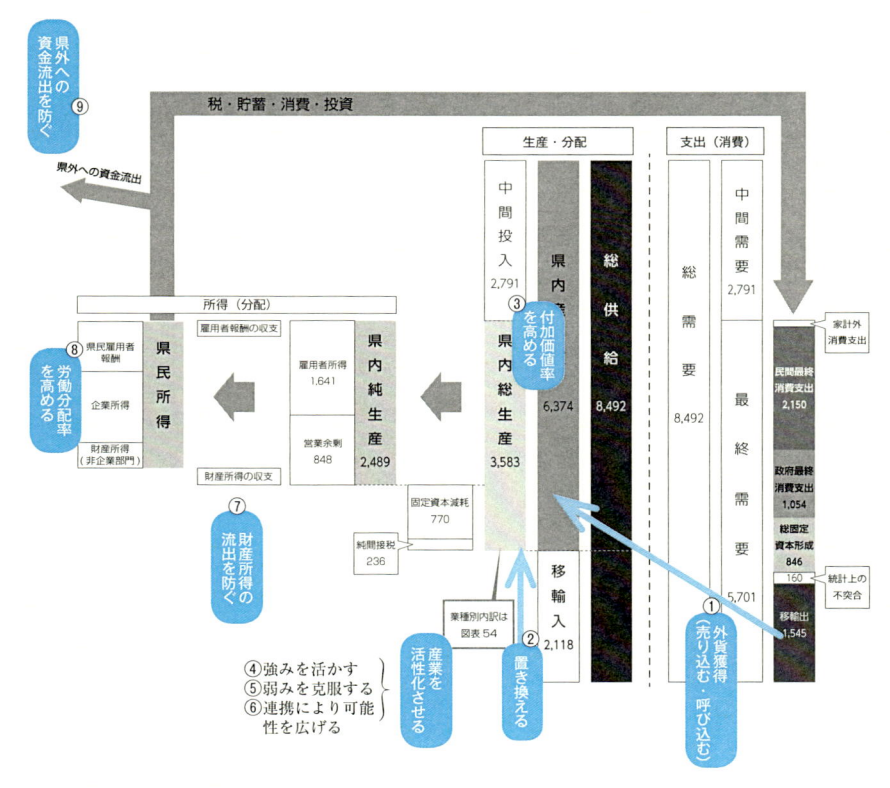

出典：筆者作成

①「移輸出」を増やす（「外貨を稼ぐ」といいます）
②財・サービスの移輸入を県内産の財・サービスに「置き換える」
③中間投入率を抑え、粗付加価値率（県内総生産）を高める
産業の振興　④強みを活かす
　　　　　　⑤弱みを克服する
　　　　　　⑥連携により可能性を広げる
⑦非金融法人部門や一般政府部門の財産所得の流出を防ぎ、さらなる流入を図る
⑧労働分配率を高め、県内雇用者の可処分所得を増やすことにより、「民間最終消費支出」の拡大につなげていく
⑨資金の県外流出を抑制する一方で、還流を図る
⑩総合的な取り組みとして、「宮崎という地域ブランド」を構築する

【宮崎の「稼ぐ力」を強くしていく10のポイント】

①第1点目は、最終需要の4つの項目のうち県内産出額に最も波及効果の高い「移輸出」を増やす（一般に「外貨を稼ぐ」といいます）対策に強力なてこ入れをすることです。

②第2点目は、2兆1,000億円に及ぶ財・サービスの移輸入を可能な限り、「県内産の財・サービスに置き換えること」です。仮に8兆5,000億円の経済規模は変わらなくても、2兆1,000億円を少しでも県内産の財・サービスに置き換えることで県内産出額が増加することは、図表を見れば一目瞭然です。

③3点目が、中間投入率を抑え、粗付加価値率を高めることです。大都市から遠隔地にあることから生じる輸送コストを抑え、あるいはこの輸送コストをカバーできる付加価値の高い商品づくりを進めていく必要があります。

④〜⑥4点目が、産業の振興です。これには3つのポイントがあります。

その1つ目は、特化係数が高く、金額ベースの自給率も287％（平成27年度概算値。農林水産省資料）と全国でもトップであるなど他県に比較して優位にある農業をはじめ、林業や水産業などの1次産業をさらに伸ばすことです。「強みを活かす」ということになります。

その2つ目は、生産誘発効果の県内歩留まり率が低い製造業間の取引を活発化させることにより加工の連鎖を強め、付加価値を県内にとどめ置く工夫をすることです。これは、「弱みを克服する」ということになります。

その3つ目が、隣県と比較してかなり弱い農林水産業と製造業との結びつきを農商工連携や6次産業化などで強めることです。これは「連携により可能性を広げる」ということになります。

⑦7点目が、所得収支の中で、特に、非金融法人部門や一般政府部門の財産所得の流出が大きく、これをいかに防ぎ、さらなる流入を図るかということです。

⑧8点目が、労働分配率を高め、県内雇用者の可処分所得を増やすことに

3-1-② 可処分所得が高まれば消費性向は高まる

[図表65] 宮崎市の消費性向：可処分所得と平均消費性向の推移（単位：千円、％）
（2人以上の世帯のうち勤労者世帯）

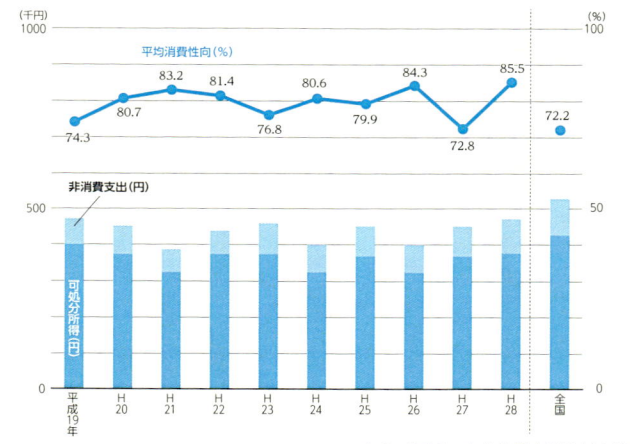

出典：「平成28年家計調査結果」（宮崎県統計調査課）

より、需要項目の中で最も金額的にボリュームがありウエイトの高い「民間最終消費支出」の拡大につなげていく、こうした好循環を作っていくことです。宮崎市の消費性向は図表65のとおり、平成28年は85.5％と大きく上昇しました。直近数年は概して高い状況にあります。労働分配率のアップが民間消費支出に回るという効果が期待される状況にあります。

⑨9点目は、資金の県外流出を抑制する一方で、還流を図ることです。せっかく稼いだ資金が仕送りや相続によって県外に流出しています。これを可能な限り抑制するとともに、ふるさと納税やクラウドファンディングなどによって還流を図ることです。

⑩10点目は、図表にはありませんが、以上の第1から第9までのポイントを達成する総合的な取り組みとして、「宮崎という地域ブランド」を構築するということです。

　　　　　※　　　※　　　※
以下、10のポイントごとに詳しくみていきます。

85

外貨を稼ぐ
—— 売り込み、呼び込んで「移輸出」を増やす

第**2**節

　それでは、第1点目の移輸出を増やす（外貨を稼ぐ）対策に強力なてこ入れをすることから話を進めていきます。

　「移輸出を増やす」とは「県外からの収益を増やす＝外貨を獲得する」ということです。「なぜ外貨獲得か」については、第2章で述べたとおり、需要項目の中では、「移輸出」が最も生産面への誘発係数が高く、かつ規模も大きく、県民所得につながる県内産出額に波及する力が最も強いからです。

1．売り込む〜何を、どこに、どのようにして売り込むか

●移輸出力が弱い宮崎県

　「外貨を稼ぐ」ことについては、宮崎県ではこれまでもいろいろと努力してきました。例えば農林水産業でみると、冬春ピーマンは東京や大阪の市場で3分の1を占めるほどのシェアをもつようになりましたし、杉丸太の生産量は27年連続日本一、近海カツオ一本釣り漁獲量も日本一となっています。しかし、どの自治体でも必死になって取り組んでおり、移輸出全体でみると、他県と比べて特別抜きんでている訳ではありません。図表66にあるように、経済規模（総需要額）に占める移輸出のウエイトを九州各県で比較すると、沖縄県を除く全県が本県の18.2％を上回っています。

　今後は、「地方創生」を旗印に、各県、各自治体とも眼の色を変えて取り組んでくると思われます。大競争時代の始まりです。さらに人口減少という経済の縮小圧力が加わります。

　これまでの取り組みでは到底地域間競争に勝つことはできません。「売り込む」「呼び込む」の二方向から、知恵を振り絞って様々な方法を駆使して、今まで以上に、外貨獲得に取り組んでいかなければならないと考えま

[図表66] 九州各県の経済規模に対する移輸出の割合（単位：億円、％）

	経済規模	移輸出	移輸出/経済規模
福 岡 県	458,628	131,620	28.7%
佐 賀 県	66,566	15,898	23.9%
長 崎 県	100,132	19,506	19.5%
熊 本 県	134,452	25,895	19.3%
大 分 県	152,508	47,431	31.1%
宮 崎 県	84,920	15,451	18.2%
鹿児島県	124,173	24,969	20.1%
沖 縄 県	81,014	9,414	11.6%

出典：各県「産業連関表」

す。アクセルを踏み直す段階にきています。

●食を柱に、「完熟」をキーワードに

　まず、売り込むことについて考えてみます。「何を売り込んでいくか」ということですが、図表59で確認したように、県際収支でプラスになっている農林水産物や食料加工品、焼酎などの飲料品を売っていくことが重要になります。

　農林水産物については、本県は全国有数の生産県です。しかし大きな課題は、大消費地から遠く、輸送コストがかかるということです。そのハンディキャップを埋めるため、輸送コストをカバーできるだけの付加価値の高い農林水産物を生産・販売していく必要があります。

　そのキーワードの一つが「完熟」ではないでしょうか。完熟マンゴー、完熟キンカンがありますので、鮮度保持技術をしっかり確立して、完熟トマト、完熟バナナなど「完熟」というキーワードで売り込んではどうかと思います。肉は「熟成肉」という視点から、民間企業等で研究が行われています。水産物は「熟成キャビア」を今後本格的に売っていこうとしています。木材は、伐ったまま山に半年ほど寝かせて水分を抜く「葉枯らし」という乾燥方法があります。こうしたことから、「完熟」という切り口で農林水産物に付加価値をつけて売り込むことで、輸送コストをカバーできないものかと

考えます。

　鮮度保持技術については、県外の企業においていくつかの事例がありますが、本県農林水産物の付加価値を高め、農家所得の向上を図る大きな手法です。なんとしてでも本県オリジナルの技術を確立したいものです。現在、県内企業が県工業技術センターと共同研究されています。大いに期待されます。輸送コストそのものの削減もさることながら、輸送コストを小売価格に転嫁できるような売り方、そのための高付加価値化が大きな課題となっているのです。

　飲料品については、「呼び込む」資源としても活用できる焼酎をはじめ、クラフトビールやワイン、日本酒があります。中でも本格焼酎は、外貨獲得の稼ぎ頭です。鹿児島県を抜き3年連続で出荷量日本一を達成し、その8割強を県外で売り上げています。この勢いで今後、国内では全国津々浦々へと、さらには、『焼酎輸出促進協議会inロサンゼルス』などとの連携により海外へと販路を拡大することによって、外貨獲得の旗手として県経済をリードしていただきたいと思います。

　食料加工品は、製造業の中では、外貨を獲得している数少ない業種のひとつです。積極的に売り込んでいくことが求められます。

●人口流出はチャンス ── 〝宮崎ファン〟のつながりを太くする

　では、どこに売り込んでいくべきでしょうか。第1章で、人口流出のデータを確認しました。北は北海道から南は沖縄まで、年間約22,000人の人口が転出し、約19,000人の人口が転入し、結果として約3,000人が流出しているわけですが、近年の県外流出のデータをみますと、東京圏域と福岡県に二極化しており、この2圏域が、まずは、ターゲットになります。

　一口に、東京圏域と言っても人口が約3,600万人、域内総生産額が約166兆円あります。無計画に売り込んでいっては、砂漠に水をまくようなものですから、しっかりとした戦略を立てて取り組んでいく必要があります。宮崎ファンを増やし、確実に宮崎ファンにアプローチするにはどうしたらよいか？

　そのきっかけとなるのが、私は、「千代田区とのつながり」ではないかと

[図表67]　日比谷公園の埴輪

昭和40年の平和台公園と姉妹公園締結を祈念し
て送られた埴輪（知人撮影）

千代田区にある宮崎東京ビル全体
（「宮崎県東京学生寮GUIDE」ウェブページより）

思います。千代田区は、本県で最も狭い高鍋町の約４分の１の面積のなか
に、夜間人口は47,000人、昼間人口は820,000人。皇室のお住まいがあり、我
が国の政治や経済の中枢という文字通り東京の中の東京です。

　宮崎県東京事務所の職員は市ヶ谷九段の職員宿舎に居住する千代田区の区
民です。特別区民税と九段４丁目町内会の会費を納入しています。子供たち
は、九段小学校、中学校などに通います。同宿舎には、学生寮もあり、例年
100人近くの学生が生活をしています。「九段みやざき情報館」も設置され、
地区住民の憩いの場ともなっています。また、本県の総合文化公園とほぼ同
じ16haという面積を持つ日比谷公園内には、昭和40年に姉妹公園の締結を
祈念して平和台公園から贈呈された埴輪２体があります。

　千代田区とこのような深いつながりを持った県は今や珍しくなったのでは
ないかと思います。このようなつながりを足がかりにして、しっかりとした
パイプを作っていくことが大切ではないかと思います。

　距離的ハンディキャップの比較的少なく近年の２大流出先の１つである
福岡県も重要なターゲットです。「福岡で成功しなければ、東京での成功も
ない」というマーケティングの専門家もいます。競争相手は東京圏域に比べ
て少なく、距離的なハンディキャップもさほどありません。しかし、牛肉で
は、佐賀牛に圧倒されています。ここでの戦いが、１つの試金石となります。

そのほか、高度成長期の人口流出先であった大阪圏や名古屋圏も重要な売り込み先です。

海外については、焼酎や加工品を早い時期から東アジアやヨーロッパに輸出している企業があります。平成29年8月、ロサンゼルスに設立された「焼酎輸出促進協議会」を足掛かりにアメリカでの販路拡大を狙う動きも出てきています。また、台湾は平成28年12月に同国内での焼酎の流通基準が緩和されたことにより、今後期待できる市場のひとつです。

人口の県外流出は、裏を返せば、全国的に隠れた宮崎ファンが存在しているということになります。こうしたことを足がかりに、国内外の県人会のネットワークを強化して、コアな宮崎ファンをつくり、売り込んで行くのも有効な方法ではないでしょうか。また、「ミダスの手」を借りることも「売り込み」に必要です。ミダスとは、ギリシア神話に登場する「触ったもの全てを黄金に変える能力」を持った神ですが、強力な磁場をもった国内外の著名人をミダスとして活用していくことも考えられます。

● 「稼ぐ」取り組みに集中支援

「外貨を稼ぐ」取り組みについては、図表68のとおり、産学金労官の13機関からなるプラットフォームを形成し集中支援を行う、成長期待企業の取り組みがあります。

3-2-❸ 企業への集中支援

[図表68]　宮崎県の企業成長促

(株)杉本商店
(株)高千穂ムラたび
(株)千穂の家

三和交通(株)
福栄産業(株)

(株)ビッグハウス

(株)システム技研
大和フロンティア(株)
(株)サニー・シーリング
日本情報クリエイト(株)
(有)栗山ノーサン
(有)財部とうふ店
(株)フジキン
宮崎高砂工業(株)
ヤマエ食品工業(株)

出典：(公財) 宮崎県産業振興機構資料。＊は、平成27年度に認定された「地域中核的企業 (注1)」。色つきは、平成28～29年度の「企業成長促進プラットフォームの認定企業 (注2)」。その他は、「同プラットフォームの支援対象企業 (注3)」です。

進プラットフォーム認定企業等一覧（平成30年5月末現在）

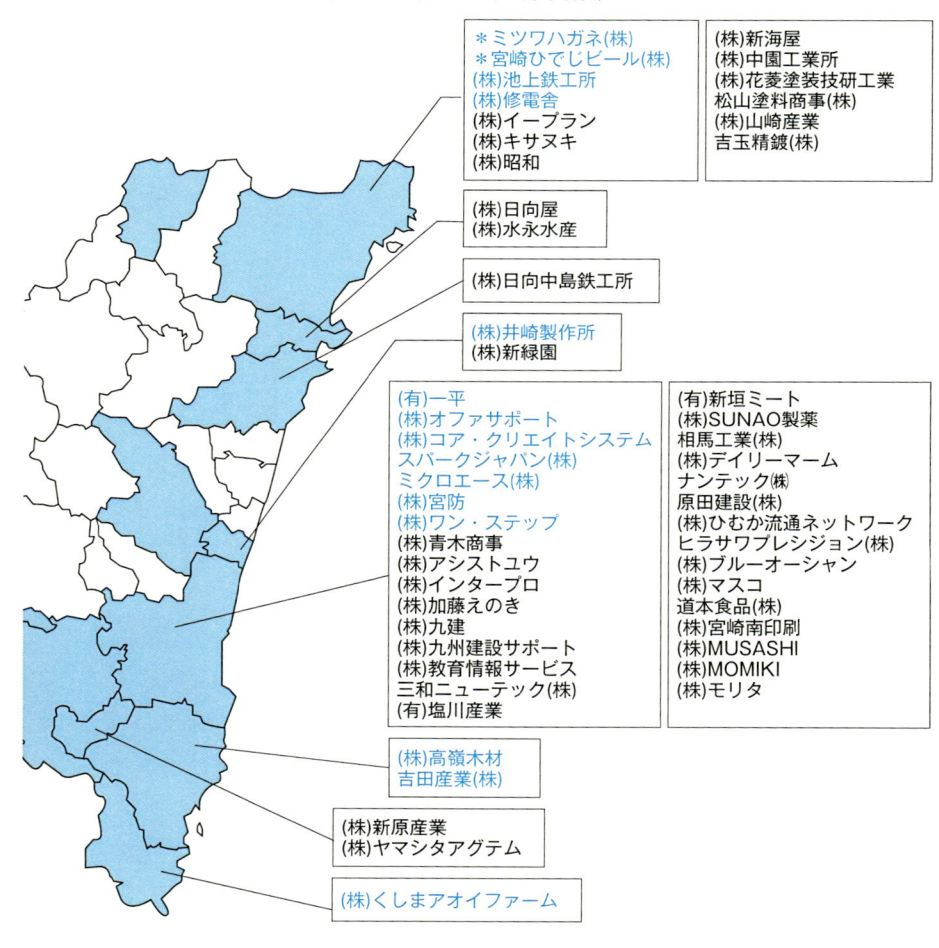

注1：域外から外貨を稼ぎ、地域経済を牽引する企業として、県が認定した企業（「宮崎県HP」より）
注2：高い技術力や競争力のあるビジネスモデル等を有していること、またはその獲得、構築に取り組むことで、今後、売上高が大幅に増加するなど、大きな成長が見込まれるとともに、県外からの外貨獲得や県内経済の循環拡大、地域の雇用への貢献等により地域経済に寄与する、将来、中核企業となることが期待される企業（「（公財）宮崎県産業振興機構HP」より）（別表1参照）
注3：宮崎県成長期待企業の認定をめざすための支援申込みを行った企業のうち所定の基準を満たすとして選定された企業（同上）（別表2参照）。

２．呼び込む〜誰を、どこに、どのように呼び込むか〜

　呼び込むためのポイントは、図表69のように表現することができます。以下、それぞれの項目についてみていきたいと思います。

●地域資源の発掘と磨き上げ

　藻谷浩介氏は、宮崎の多様性について次のように言っています。

　「この県は、とにかく奥深いのだ。延岡と宮崎と都城とではまるで気風が違うし、高千穂の奥深くと串間の先の方の気候風土は、東北と沖縄ほど異なる。隣同士のえびのと小林ですらどうも別世界だし、椎葉に至っては同じ村内の集落が隣の国のように遠かったりする。」（平成26年10月27日付け宮崎日日新聞より）

　このような多様性を持つ宮崎には、別表４に掲げる様々な地域資源があります。地域の気候風土に醸し出された伝統野菜、長年地域で守り続けられてきた神楽などの伝統芸能、数百年にわたって地域を見守り続けた巨樹等々。これら以外にも、数多くの地域資源が存在しています。

　その地域資源を掘り起こし、経済的価値をもつものにしっかりと磨き上げ、プロモーションを行い、価値観を共有する人々に確実に伝えて来ていただく、そのような戦略が大切だと思います。県内にはそれぞれ工夫しながら地域づくりに真剣に取り組んでいる団体がたくさんあります。本県全体への呼び込みにつながるようネットワークをさらに強くしていく必要があります。

　また、地域資源の磨き上げについては、外部の力（いわゆる「よそ者の目」）を借りることも必要です。後述するように、県外からの移住者が増えつつあります。そして移住者の皆さんは地元にない発想や着眼点、技術を持っています。その地域資源をもって、どのようなストーリーを作って経済的価値のあるものにしていくか外部の力を積極的に活用すべきです。

　地域資源の中には、自然や伝統芸能のみならず、図表68及び別表１〜３で紹介したように、優れた製品や技術を持っている企業もたくさんあります

［図表69］　呼び込むためのポイント

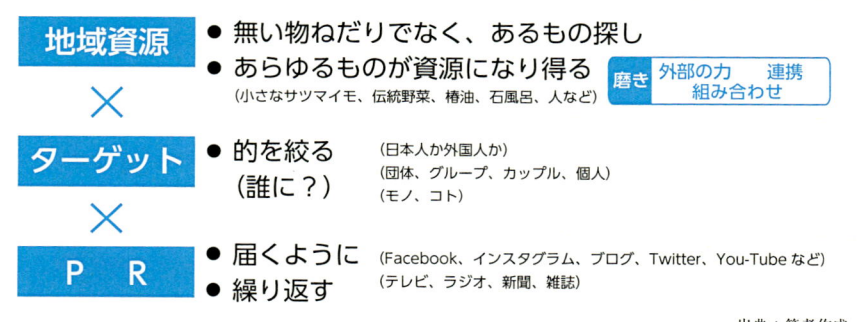

出典：筆者作成

が、最終製品に組み込まれる部品やその加工品が中心であるため、多くの県民に知られていない面があります。このため「オープンファクトリー」や「産業ツアー」などで県内外に広くＰＲしていくことも大切ではないでしょうか。

●誰　を

「呼び込む」ということについては、なんといっても、条件整備が重要です。大都市圏から人を呼び込むのであれば、おもてなしのチェックはもちろんのこと、ＩＣカードでバスや電車に乗車できるシステムは必要不可欠なサービスです。また、駅や空港などで手荷物を預かり、宿泊するホテルや旅館に運び込むサービスなどもおもてなしとして取り組まれています。外国から人を呼び込むのであれば、免税制度の充実はもちろんのこと、各種表示の多言語対応や電子決済システム、WiFiなどの無線LAN、ハラールへの取り組みなどやるべき多くの課題があります。特に最近の中国旅行者の決済は、現金を持たない電子決済（例えば、ＱＲコードをかざせば決済できるシステムなど）が主流となっているようです。インバウンド需要を取り込むためにも早急な対応が求められます。

　旅行形態も、単に国内か国外かにとどまらず、団体、グループ、個人、カップルなど多様になっています。〝爆買い〟などの「モノ」から、現地を訪れて何かを楽しむ「コト」への変化もあります。ターゲットを絞った旅行商品を開発する必要があります。

　こうした中、若手実業家などによって構成される「宮崎インバウンド隊」（代表　日高葵氏）は、本県を訪れる外国人観光客に突撃インタビューを行い、本県を訪れる理由や本県を観光する際の課題などの情報の蓄積を行っています。また、代表者は、本県の魅力を外国人に伝える新たな旅行サイトを立ち上げています。サイトの充実と積極的な活用を図るなど外国人目線でのインバウンド体制の構築が求められます。

●どこに

　特に、中山間地域においては、少子高齢化の中で人口そのものが大きく減少していますから、「呼び込む」取り組みが重要になってきます。単に「呼び込む」というだけでなく、地域にある様々な地域資源をいかにして経済価値を持った資源に変え「呼び込むか」という観点が重要です。別表4で紹介した地域づくり団体や（公財）宮崎県産業振興機構に設置してある「中山間地域産業振興センター」の積極的な活用が望まれます。

●プロモーション

　これまでは、テレビ、新聞、ラジオ、雑誌などのマスメディアを活用したプロモーションが主流でした。ＩＣＴの発達により、プロモーション手段は急速に変化しています。一方で、グローバル化に伴って、多種多様な人々が地域に訪れる時代となっています。多様な地域資源と多様なインバウンド需要とを結びつけるためには、従前の手段に加え、ブログ、Facebook、Instagram、Line、Twitter、YouTubeなど新しい手段の特徴を踏まえたきめの細かい対応が必要です。そして、県人会や、市町村人会、さらには、ふるさと納税によって当該地域に関心を持っていただける「コアなファン」をいかに糾合していくかが鍵となるでしょう。

●移　住

「呼び込み」の究極は、移住です。移住は、一般的には、地域特産品の購入や観光旅行等を通じてその地域を知り、長期滞在等を通じてその地域のファンとなり、最終的には、「配偶者の出身地だから」、あるいは、サーフィンなど本県の「気候風土が気に入った」などの理由で、移住に結びついているケースが多いように思います。

近年は、東北大震災後に多くの人々が宮崎に移住されています。県のまとめによると、「2016年度の県内への移住者数は388世帯（前年度比186世帯増）で、統計を取り始めた2006年度以降最多となった。県は『積極的に移住施策を進め、受け入れ態勢の強化も進んでいることが要因では』としている」（平成29年6月28日付け毎日新聞）と報告されています。

私の身の周りでも、地方創生コンサルタントの藤山邦子氏、ハワイ沖の巨大な波JAWSをサーフィンとウインドサーフィンの両方で制覇した海洋冒険家の中里尚雄氏、医者を主人公にした漫画を描いた漫画家の山本航暉氏をはじめ、コピーライター、デザイナー、IT技術者、農業経営者など数多くの方々が移住の地として風土穏やかな宮崎を選んでくれています。積極的な対応が望まれます。

●今なぜ、インバウンド（呼び込み）か

農産物を例に考えてみます。農産物は、宿命的に輸送コストの負担を強いられています。高付加価値産品を市場に投入できなければ農家手取りは減少してしまいます。仮に、国内外から人を呼び込むことができ、当該地域内で農産物を消費してもらえれば輸送コストは負担しなくて済むことになり、農家への手取りに還元される可能性があります。また、近年の旅行者は単に消費する農産物だけでなく、育てる生産者や生育する土壌、気候、栽培管理方法など農産物を取り巻く風土（「テロワール」）そのものを楽しむ動きがあります。この点で、多様性に溢れた本県は大きな可能性を持っています。

しかし一方で、リスクも伴います。口蹄疫などで経験したように、インバウンド需要は自然災害等で大きく減少するなど不安定であることに加え、従

来は、素材提供で済んでいたものを地域で加工し提供しなければならず、国内外から訪れてくる消費者のニーズを踏まえた商品化とそれに対応できる技術力向上やもてなしの知恵が不可欠となります。

　もはや躊躇している場合ではなくなりました。目前に迫る人口の急激な減少社会の中で、地域を維持発展させるためには、インバウンド需要を取り込むことは避けられない命題です。中長期的視点に立った戦略構築が早急に求められます。

●霧島山手線の取り組み（提案）

[図表70]　霧島山手線のイメージ

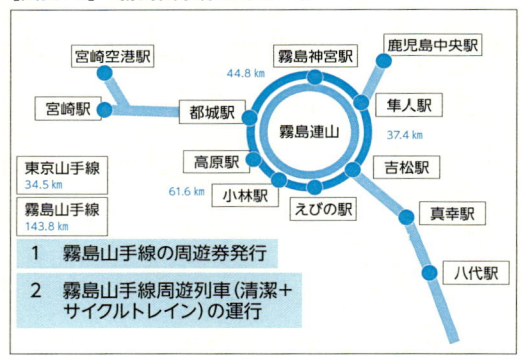

出典：筆者作成。霧島連山を北から鳥瞰したイメージ図

　平成28年11月に、仲間3人で、環霧島鉄道の旅を挙行しました。宮崎駅を8時15分に出発し、日豊本線で隼人駅まで。隼人駅で肥薩線の「はやとの風」に乗り換え吉松まで。嘉例川駅で購入した弁当を吉松駅で食べて、吉都線に乗って都城へ。そして都城から日豊本線で宮崎駅まで。宮崎駅到着が午後2時23分。トータル6時間8分の旅でした。経路は図表70のとおりです。残念ながら、雄大な霧島連山を巡ろうとすると、いろいろなところで乗り換える必要があり、切符もその都度の料金となっています。これを、東京の山手線のように、一枚の周遊券切符、さらには一本の列車で回ることができれば、新たな需要の掘り起こしになるのではないかと思います。鹿児島や熊本方面からもアクセスできます。また、せっかく一本の列車で回るのであれば、「観光列車を」と言いたくなりますが、お金もかかります。古いけれども清潔な列車を走らせる、あわせてサイクルトレインも連結させると面白いと思います。最近、台湾を訪問する機会に恵まれました。台湾には、世界トップシェア

を占める巨大自転車メーカーがあります。一方で、台湾の日本に対する親日度は他国を抜きんでています。こうしたことから、霧島連山を巡るサイクリングロードを開発し、台湾からの呼び込みの起爆剤にできないかと考えます。

3．その他の需要喚起について

　需要のその他の項目について生産誘発係数を図表62、63で再度、確認します。政府消費支出は「１」を上回っていますが、民間消費支出と総固定資本形成は「１」を下回っており、特に、総固定資本形成の民間部門は1を大きく下回っています。また、各需要項目の移輸入への波及係数をみると、民間消費支出や県内総固定資本形成（特に民間部門）は、相対的には、移輸入への波及効果が高く、かなりの部分が県外に流れていることが分かりました。

　一方、国の生産への波及効果を見ると、民間消費支出が1.5450、総固定資本形成が1.8320、移輸出に至っては2.1502と極めて高くなっています。このことから、国の政策として、民間消費や総固定資本形成を喚起する政策を講ずることは大きな意味がありますが、生産への誘発係数が１を下回っているような地域においては、工夫が必要なことを意味しています。例えば、消費喚起策として多くの自治体がプレミアム商品券を発行してきましたが、従来通りの消費を繰り返していたのでは、地域への効果は限定的で、かなりの効果が県外に流れていくことになります。大いなる工夫が必要です。民間消費支出が、移輸入の方ではなく、県内産出の方により波及していくためにどうすれば良いか、「１」を超えるような生産誘発係数にするためにはどうすれば良いか、消費者である私たち一人ひとりが、消費の在り方（「賢い消費」）について真剣に考えていくべきだと思います。

　総固定資本形成の「民間部門」についても同様のことが言えます。機械設備の導入や工場建設に当たっては、コスト削減への要請とあわせて、可能な限り地域経済への波及を考慮する必要があります。

　お金を支出する側（消費者・発注者）の意識改革と財・サービスを供給する側（生産者・受注者）の努力が求められます。

置き換える
── 原材料からサービス・エネルギーなど幅広く

1. 移輸入されている財・サービスを県産に置き換える

　人口減少の時代においては、「外貨を稼ぐ」ことで8兆5,000億円の経済規模を大きくしていくことは、なかなか厳しい面があります。そこで、「置き換える」という発想が大切になってきます。

　図表64（77ページ）を再度ご覧ください。仮に、8兆4,920億円という経済規模は変わらなくても、「移輸入」している2兆1,180億円の財・サービスを県内産の財・サービスに置き換えることができれば、県内産出額6兆3,740億円は増え、ひいては県民所得も増えていくことになります。そのためには、「移輸入」されている財・サービスにどのようなものがあるか、まず現状をよく観察することが必要です。順を追って観察してみます。

●意外なところにやるべきことがある ── 置き換えの視点

　農林水産物は産地の表示がしてありますので、比較的わかりやすいと思います。まず、青果物はどうでしょうか。スーパーにいけば、生鮮食料品は、産地が表示されていますからどの県で生産されたものか、どこの国から輸入されたのかすぐわかります。隣県のトマトやベビーリーフ、東北地方のリンゴ、東南アジアのバナナやアボカド、中南米のエビやサーモンなど。移輸入品をすべて否定するものではありません。置き換えが難しいものも当然あります。しかし、県内産に置き換えられるものは可能な限り置き換えることで県民所得を増やしていくことができます。

　ほかにないでしょうか。ケーキ用のいちごはどの程度県内産のものが使われているのでしょうか。葬儀用の菊の割合はどうでしょうか。化学肥料や農薬を県内産の堆肥や天敵に置き換える可能性はどうでしょうか。

畜産物については、４割以上（平成21年で43％。図表74・100ページ）が県外でのと畜となっています。これを県内と畜に置き換えることはできないのでしょうか。また、配合飼料はほとんどが輸入です。これを飼料用イネ、笹サイレージ、エコフィードに置き換える取り組みがなされてはいますが、普及状況はどうでしょうか。

水産物は、一本釣りカツオ漁のうち９割が県外港での水揚げとなっています。これを県内漁港に置き換えるためには何が課題なのでしょうか。養殖での餌料はどうでしょうか。木材の県外出荷は約７割が県外港を利用しての出荷のようです。これを県内港出荷に置き換えることはできないのでしょうか。

加工食品については、身近な例として、結婚式の引き出物が他県の有名店のお菓子であったり、香典返しが隣県のお茶であったりします。せっかく本県にもお菓子やお茶があるのに、もったいないことです。

このほかにも、県内産のコメや甘藷の焼酎原料としての活用実態、本県生鮮食料品の缶詰原材料としての活用可能性はどうでしょうか。冷凍野菜は９割が外国産といわれています。産地表示の義務付けが全ての食料加工品について平成34年４月１日から完全実施される予定です。本県産農林水産物の「置き換え」のチャンスです。

低糖質お菓子の原材料として三股町産のごまや高千穂産の大豆を活用する動き、県内産の椿油やメイプルシロップを抽出する動きもあります。

ビールや日本酒、ワインなどは、県内にも品質面で決して引けを取らない商品があります。また、機内食や病院食の素材はどこで生産されているのでしょうか。

その他の製造品については、例えば、土木工事に使用される資材の砂、砂利、砕石などのいわゆる骨材は約30％が県外産のようです。隣県３県の数％に比較して極めて高い割合となっています。あるいは染料を、柿や銀杏、さくらなど本県の自然素材を使ったものに置き換えられないでしょうか。

● サービスやエネルギーでの見直しも

99

3-3-❶　**再生可能エネルギーへの置き換えは効果が高い**

[図表71]　石油石炭製品の需給関係（単位：百万円）

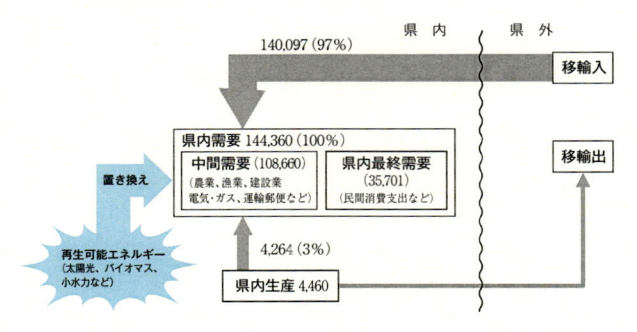

出典：産業連関表をもとに筆者作成

　サービスについても、様々な置き換えの可能性があります。修学旅行の目的地については、ほとんどが県外となっています。目的地を県外にする理由の一つとして、「平和学習」ということが挙げられますが、本県にも学習素材は十分あります。六野原（国富町）の陸軍飛行学校跡、赤江（宮崎市）の海軍航空隊跡、高千穂町の隼・B29の慰霊碑などです。

　このほか県外のサービスを利用している例として、前述した物流における他県港湾利用、県外物産展での購入、県外大手シンクタンクへの計画策定委託、県外有名高校への進学、県外大手学習塾での勉強、県外病院での粒子線治療、デザイン・印刷の県外業者の利用、県外銀行への預金等々。県外法律事務所による無料法律相談も有料相談になった時点で県外への付加価値の流出（移輸入）になります。

　エネルギーの置き換えも考えられます（**図表71**）。石油・石炭製品の県際収支額は、平成23年で約1,400億円のマイナスと、業種別で最も大きくなっています。石油石炭製品の県内需要額は、産業連関表によると、1,443億6,000万円となっており、この需要に対して97％の1,400億9,700万円が県外・海外からの移輸入によって賄われています。具体的には、農業、漁業、建設業、電力ガス、運輸郵便などの中間需要として、また、民間最終消費支出などの

県内最終需要として供給されています。つまり、農業機械や農業ハウス、漁船、建設機械、バス・トラック・カーフェリー、自家用自動車などの動力源・エネルギー源として活用されている訳です。

　この石油石炭製品を、蓄電技術の進展を踏まえながら、本県に豊富な太陽光やバイオマス、小水力などの再生可能エネルギーにシフトする（置き換えていく）ことで、県内で発生した需要を県内でしっかりと取り込むことが可能となり、シナジー効果の高い地域経済が生まれてくることになります。

　ただし、太陽光パネルは約6割が輸入品ですので注意が必要です。

　県においても「みやざき元気地産地消推進県民会議」を設置して取り組んでいます。公共工事における県内企業への優先発注、砂利などの建設資材の県産品の優先使用、情報システムの調達における県内企業の優先選定、物品調達における県産品の優先購入、食事を提供する施設における県産品の優先購入等々です。

　もう一度身の周りを注意深く観察して、置き換えができるのかできないのか、なぜできないのか、置き換えるための課題は何なのか、確認していくべきです。約2兆1,000億円の「移輸入」のうち、74％が製造業です。その仕入先、納入先はなかなか県民にはわかりづらい面があります。経営者の方々が「置き換え」の意義をご理解いただき積極的に「置き換え」をしていただくことで、県内産出額、ひいては、県民所得の向上につながっていきます。もちろん、置き換えを進めていく上で様々な課題もあります。例えば、原料単価が高い、したがって販売単価も高くなる、品質にばらつきがある、（県内産であると）販路開拓が難しいなどです。

　「移輸入」について、企業経営者は、経営判断として最適をめざして行動されるわけで、何ら責められるべきものではありませんが、ここはひとつ立ち止まって考えていただくことも必要ではないでしょうか。発注者の意識と受注者の努力が必要です。是非とも、6兆3,000億円と2兆1,000億円の関係を思い出していただき、課題を克服すべく県民皆さんが行動に移していただきたいと思っています。そして、この「置き換え」たものを、積極的に県外・海外に売り込んでいくことで、稼ぐ力は飛躍的に高まると考えます。

●資産の有効活用や、環境問題にも有効

　また、この「置き換え」という視点は、資産の有効活用という課題にもつながっていきます。前述した木材の県外出荷における港湾利用の例は、コスト競争の面でやむを得ない面もあるでしょうが、これまで多額の投資をして整備を進めてきた港湾の有効活用という観点からは大きな課題です。

　資産の有効活用という観点での最大の課題は、人材という資産の流出です。この実態は、既に第1章第2節で説明しました「若者の流出」のとおりです。多額の費用を費やして育てた子供たちが、大量に県外に流出しているのが現状です。

　農産物の海外からの輸入に関しては、「バーチャルウォーター（仮想水）」と「フードマイレージ」という言葉に留意する必要があります。

　「バーチャルウォーター」とは、「食料を輸入している国（消費国）において、もしその輸入食料を生産するとしたら、どの程度の水が必要かを推定したもの」(環境省) です。日本は、大麦、小麦、トウモロコシ、コメなどの穀物や牛肉、豚肉、鶏肉などの肉類を大量に輸入しています。穀物1kgを生産するのに必要な水の量は1トンといわれています。牛肉1kgを生産するのに必要な穀物の量は11kg。したがって、牛肉1kgを生産するのに必要な水は11トンということになります。豚肉、鶏肉1kgを生産するのに必要な穀物の量は、それぞれ、7kg、4kgですから、必要な水の量は7トンと4トンになります。小麦などを直接輸入する場合の仮想水の量と、肉類を輸入する場合の仮想水の量を合計すると627億トンという膨大な量になります。琵琶湖の水量の2.5倍に相当する水量です。「瑞穂の国」といわれるほど水に恵まれているはずの我が国において、このような大量の水を輸入することがどういう意味を持つのか、「置き換え」の意義とあわせて、読者の皆様に考えていただきたいと思います。

　「フード・マイレージ」とは、食料を運ぶのにかかったエネルギーを表す指標で、「生産地から食卓までの距離が短い食料の方が、輸送にともなう環境への負荷が少ないと考えることができる。海外から輸入した食物は、移動距離が長いため、環境への負荷が多くなる」(経済産業省資源エネルギー庁) とされています。「置き換え」の考え方は、環境問題とも密接に関連しています。

2．「置き換え」の取り組み事例に学ぶ

事例1　宮崎ひでじビール㈱（延岡市）

　「置き換え」に取り組んでいる典型的な事例として、農を応援する「宮崎農援プロジェクト」を立ち上げ宮崎県の農産物の活用に社員全員で取り組んでいる宮崎ひでじビール㈱の取り組みを紹介します。

　同社の「農援プロジェクト」は、2011年に社内に発足し、宮崎県の農産物の活用に社員全員で取り組むプロジェクトで、次に掲げる「プロジェクト憲章」に違反しなければ、いかなる部門の社員も自由に商品開発ができることとしています。①宮崎県内で生産された農畜水産物を原料の一部に用いること②生産者を特定できる安心・安全な原料を用いること③原料の生産者の賛同を得た商品であること④宮崎ブランドに相応しい高品質の商品であること⑤新規性・オリジナル性に富んだ商品であること⑥商品を通して宮崎県を全国にPRできること⑦宮崎県の経済の発展に貢献できる商品であること、などです。

　ビールの原材料は、水、酵母、麦芽（モルツ）、ホップです。このうち、水は、地元の「行縢山」からわき出てくる水があります。酵母は、十数年前に「自家培養」に成功した酵母があります。麦芽については、これまで100％輸入であったところを、農事組合法人はなどう（高原町）との連携によって二条大麦の生産にめどが立ち、自社で大麦を麦芽に加工する技術の開発に成功したことから、平成28年10月、県内産の大麦麦芽100％で醸造したクラフトビール「YAHAZU」の生産販売にこぎ着けました。残りはホップです。これも、県内の生産者と連携し数年後には安定生産を図る見込みとなっています。こうした取り組みによって、数年後には、オール県産のクラフトビールが誕生することになります。

　また、「YAHAZU」を生産する醸造タンクを新設する過程において、従来は、県外のメーカーに製作を依頼してきたところ、地元の㈱池上鉄工所

3-3-❷　原材料も醸造設備も県内産に置き換えて

［図表72］　宮崎ひでじビール㈱の取り組み

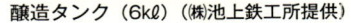

醸造タンク（6kℓ）（㈱池上鉄工所提供）

クラフトビール「YAHAZU」（同社HPより）

（延岡市）や吉玉研磨技研㈱（延岡市）に製作の置き換えが可能となり、その取り組みがマスコミで紹介されたことで、その製作会社が地元水産会社から漁網の洗浄機械を新規受注するという新たな波及効果も生まれています。なお、二条大麦から麦芽を製造する工程において必要な乾燥装置を、㈱ドライアップジャパン（木城町）が製作しています。

事例2　㈱おりなす建材（日向市）

　次は、㈱おりなす建材の取り組みです。

　アルミサッシ製品には、大きく分けて住宅用とビル用とがあります。住宅サッシは、規格化が進んでおり、地域のサッシ店はメーカーと建設会社の間を取り次ぐだけになっています。一方、ビル用サッシは、現場ごとの特注品になりますが、ほとんどの地域店は、設計機能や制作機能、取り付け能力がないため、メーカーに丸投げ状態で、地域サッシ店は注文を受け付けるだけの仕事しかありませんでした。公共工事の減少などにより受注量が減少していく中、県外の建設業者の県北への進出が激しくなり、県北地域の建設業者の受注力は年々低下してきていました。一方、メーカー側も、囲い込み路線から傘下の取引先に自立を要求するようになってきました。

3-3-❸ 作業工程の内製化（社内への置き換え）で、粗利益率を向上

［図表73］　ビル用サッシの流れを変える —— ㈱おりなす建材の取組

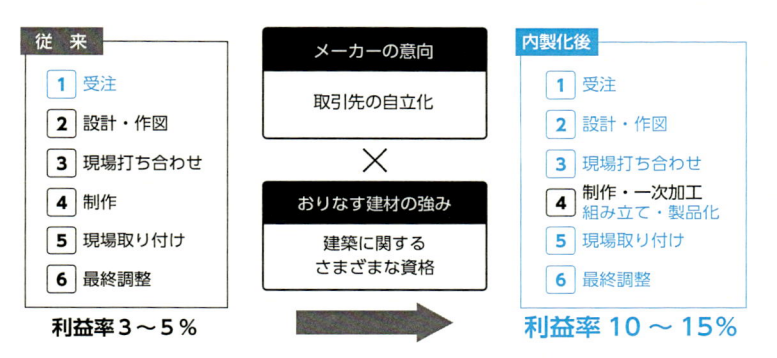

出典：「同友みやざき」（宮崎県中小企業家同友会会報）やヒアリングに基づき筆者作成

　こうした中、社長がとられた打開策が、ビル用サッシの内製化です。ビル用サッシの受注から納品の流れは**図表73**のとおり、①受注、②設計・作図、③現場打ち合わせ、④制作、⑤現場取り付け、⑥最終調整の６段階からなっています。従来は、１段階目の受注の部分のみを行っていた流れを、メーカーとの交渉の結果、４番目の制作の一次加工の部分を除くすべてを内製化することに成功したとのことです。

　この成功には、社長の先見性があります。早くから建材業の行き詰まりを予想していた社長は、建築に関するあらゆる資格を取得しておられ、年間２〜３棟の建築を行いながら、技術力を高めておられました。これが強みになると気づかれた社長は、メーカーと交渉の上、内製化に成功されたわけです。

　ビル用サッシは、現場ごとの特注品になるため、建物ごとの設計・作図が必要になります。この点に関しては、メーカー側も人材不足であり、海外で人材を育成し、インターネットを通じて図面のやり取りをしているのが現状で、設計段階から内製化することで、トータルで40日ほどかかっていた工期を、14日間に大幅短縮でき、結果として、粗利率３〜５％が10~15％にアップしたとのことです。

105

3-3-④ 「宮崎牛」のブランドをさらに生かす道がないか

[図表74]　牛の一生

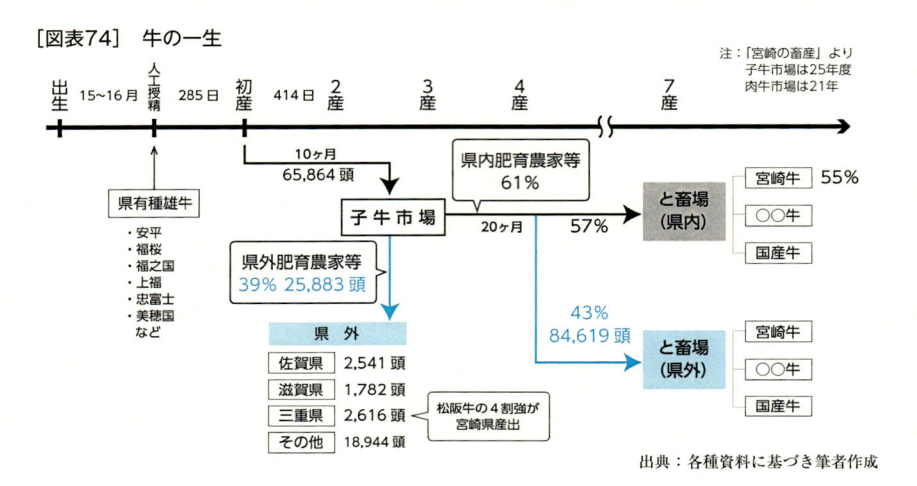

注：「宮崎の畜産」より
子牛市場は25年度
肉牛市場は21年

出典：各種資料に基づき筆者作成

●と畜の「置き換え」（提案）

　平成29年9月に宮城県で開催された全国和牛共進会において、宮崎県は3年連続の日本一となりました。図表74は、関係資料を参考に、肉用子牛が誕生してからと畜されるまでの時間的推移を追ったものです。

　生後約10か月で繁殖農家から子牛市場に出荷され、多くは肥育農家によって購入されます。その後、約20か月間肥育されたあとと畜され、肉となり、最終的に消費者によって消費されます。

　子牛市場では、三重県、佐賀県、滋賀県など県外へも多く購入されていき、これらは、「松阪牛」「佐賀牛」「近江牛」などの銘柄牛になっていきます。言い換えれば、宮崎県は、全国的に有名な銘柄牛の供給県でもあります。

　と畜市場では、宮崎県の種雄牛を父に持ち、宮崎県で生まれ、日本格付協会のA4、A5の肉質を持ち、宮崎県経済連が取り扱う牛肉を「宮崎牛」というブランドで売っています。なお、A4、A5の肉質を持っていても、経済連の取り扱いではない肉は、「宮崎牛」とはなりません。ここでの課題は、40％を超える割合が県外でと畜されていることです。と畜手数料等が県外に流出しています。可能な限りの置き換えが求められます。

第4節 付加価値を高める
── 原材料や燃料などの「置き換え」とあわせて

●中間投入を抑えて、付加価値率を高める

産業連関表では、県内産出額と中間投入率が示されています。付加価値率は（1−中間投入率）で求めることができ、県内産出額に対する県内総生産額の割合を意味します。図表64からわかるように、県民所得を上げるためには、中間投入率を可能な限り抑え付加価値率を高め、県内総生産額を上げる必要があります。

中間投入とは、「各産業の生産活動に必要な原材料・燃料等の財・サービスの購入費用」（「産業連関表」より）を表しますので、原材料・燃料などの購入経費を可能な限り抑制するということになります。

●業種で差がある付加価値率

九州各県の付加価値率をみると、図表75のとおりです。本県の付加価値率は高い方に位置し、また、経済規模全体に対する割合も本県は上位に位置していますが、そこに有意な差は認められません。しかし、本県における付加価値率56.2％（平成23年）の業種別内訳をみると図表76のとおり、業種によって大きな違いがあることがわかります。

農林水産業では畜産が極端に低くなっています。これは、輸入飼料を大量に消費することや飼料価格の高騰がその要因として考えられます。また、製造業では「業務用機械」のみが県全体を上回っています。

意外なことに、最も生産額の多い「飲食料品」の付加価値率は県全体を大きく下回って推移しています。高付加価値製品に乏しいことを示唆しています。飲食料品製造の、原材料や包装・パッケージ、デザインなどの県外からの調達が多いためでしょうか。詳細な分析が待たれるところです。

付加価値率は遜色ないが……

[図表75]　九州各県の付加価値率（単位：億円、%）

	総供給額	県内産出額	中間投入額	県内総生産額	付加価値率 県内総生産額/県内産出額	参考 県内総生産額/総供給額
福　岡　県	458,628	333,077	159,283	173,795	52.2%	37.9%
佐　賀　県	66,566	49,620	23,172	26,448	53.3%	39.7%
長　崎　県	100,132	75,458	34,456	41,002	54.3%	40.9%
熊　本　県	134,452	99,947	45,149	54,799	54.8%	40.8%
大　分　県	152,508	105,319	60,476	44,842	42.6%	29.4%
宮　崎　県	84,920	63,737	27,911	35,826	56.2%	42.2%
鹿 児 島 県	124,173	93,278	38,832	54,445	58.4%	43.8%
沖　縄　県	81,014	62,188	27,157	34,586	55.6%	42.7%

出典：各県「産業連関表」

●業種別には改革の余地がある

　また、業種別付加価値率を、鹿児島県及び全国との比較でみると、図表77のとおりです。鹿児島県の農業は畜産も含んでいると考えられるため単純比較はできませんが、林業や漁業は鹿児島県との比較ではかなり高くなっています。製造業では、特に、窯業土石、非鉄金属、金属製品、生産用機械が鹿児島県や全国に比べて低く、電子部品や電気機械では、鹿児島県よりかなり低くなっています。

　畜産のように業態として原材料などの購入経費が高い業種がありますが、これまでに述べてきたように、「置き換え」や「高付加価値化」を進めることで付加価値率を高めていくことができます。

[図表76] 宮崎県の業種毎の生産額・総生産額（平成23年）と付加価値率の推移（単位：百万円、%）

業種	生産額	総生産額	付加価値率 平成7年	平成12年	平成17年	平成23年
農業	156,777	87,638	64.8	65.5	59.4	55.9
畜産	156,102	38,401	22.7	15.6	28.7	24.6
林業	39,164	25,222	40.2	48.3	73.7	64.4
漁業	46,963	20,852	63.1	59.4	49.0	44.4
鉱業	4,010	1,612	54.5	47.1	34.7	40.2
飲食料品	488,081	167,900	27.9	34.0	32.2	34.4
繊維製品	35,547	15,321	39.8	38.8	47.3	43.1
パルプ紙木製品	102,932	30,365	29.4	33.6	31.7	29.5
化学製品	165,623	36,603	34.1	35.3	31.6	22.1
石油石炭	4,460	1,499	26.2	34.9	24.6	33.6
プラスチックゴム	141,442	40,452		30.4	31.9	28.6
窯業土石	28,187	13,107	39.6	43.5	46.8	46.5
鉄鋼	37,105	13,803	37.7	28.0	37.1	37.2
非鉄金属	6,076	778	58.1	38.0	64.7	12.8
金属製品	32,369	10,973	47.6	44.3	43.6	33.9
はん用機械	6,749	3,091		45.3	52.6	45.8
生産用機械	32,414	9,270		52.0	35.0	28.6
業務用機械	24,684	14,366		41.0	61.4	58.2
電子部品	153,385	43,408	36.0	44.6	30.3	28.3
電気機械	75,758	26,667		41.6	43.6	35.2
情報通信機器	34,833	8,778		28.8	19.6	25.2
輸送機械	43,336	10,227	43.1	28.0	30.6	23.6
その他製造	35,557	18,027		40.7	52.2	50.7
建設	401,843	186,857	45.0	47.4	46.5	46.5
電気ガス	94,640	52,809	67.6	70.0	64.8	55.8
水道	32,624	15,301		51.3	46.6	46.9
廃棄物処理	36,310	25,599		74.5	69.0	70.5
商業	499,152	399,322	73.7	72.8	77.3	80.0
金融保険	176,993	124,780	73.7	69.0	67.4	70.5
不動産	501,085	420,911	87.1	85.0	85.3	84.0
運輸郵便	366,875	169,863	41.8	48.2	41.9	46.3
情報通信	217,320	123,655	69.5	60.7	64.6	56.9
公務	445,178	294,708	72.3	75.0	68.6	66.2
教育研究	302,800	218,016	82.0	81.8	75.0	72.0
医療福祉	609,767	398,178		57.6	62.5	65.3
非営利	52,231	25,541		64.9	49.6	48.9
対事業所サ	370,372	267,038	55.4	56.3	57.8	72.1
対個人サ	367,036	205,540	56.6	57.4	59.7	56.0
事務用品	10,014	0	0	0	0	0
分類不能	37,925	15,739	52.9	51.8	-4.9	41.5
計	6,373,719	3,582,030	53.9	55.7	55.2	56.2

[図表77] 業種別付加価値率の鹿児島及び全国比較（平成23年）（単位：%）

業種	鹿児島県	全国
農業	39.8	56.1
畜産		24.4
林業	56.0	66.9
漁業	31.9	51.3
鉱業	48.7	44.8
飲食料品	29.3	36.5
繊維製品	40.6	33.9
パルプ紙木製品	33.6	31.3
化学製品	28.9	24.7
石油石炭	36.3	22.3
プラスチックゴム	49.0	31.1
窯業土石	55.7	73.9
鉄鋼	23.0	18.7
非鉄金属	38.8	23.3
金属製品	46.2	37.6
はん用機械	44.7	38.1
生産用機械	38.4	40.7
業務用機械	39.3	32.0
電子部品	45.4	28.1
電気機械	60.8	30.4
情報通信機器	23.2	26.7
輸送機械	27.2	19.9
その他製造	45.3	42.6
建設	45.6	45.2
電気ガス	57.0	22.5
水道	56.9	48.0
廃棄物処理	75.1	72.7
商業	72.5	68.5
金融保険	74.7	65.8
不動産	89.0	80.6
運輸郵便	53.0	50.3
情報通信	58.7	52.6
公務	79.2	68.3
教育研究	82.5	75.6
医療福祉	60.6	59.2
非営利	69.8	58.6
対事業所サ	62.1	61.4
対個人サ	58.4	55.0
事務用品	0	0
分類不能	43.6	39.9
計	58.4	50.8

出典：「産業連関表」

第5節 農林水産業という強みを伸ばす
—— 産業の振興・その1

1. 農業は宮崎県の比較優位の産業だが、課題も多い

● 本県農業の現状と課題

本県農業は、平成28年の産出額が3,562億円で全国第5位の地位を占めています。また、特化係数も高く、金額ベースの自給率は287％（平成27年度概算値）と圧倒的に高い状況にあります。さらに、杉丸太生産量は27年連続全国1位、近海カツオ一本釣り漁獲量も同1位となっています。このようなことから、本県は、生産した農林水産物を他県、特に大消費地に売ることで存在意義を示す農林水産業県であり、農林水産業は、本県産業の勢いを示し本県の存在感を発揮できる比較優位の産業であると言っても差し支えないと思います。

しかし一方で、大消費地から遠隔地に位置する本県農林水産業は、輸送経費が高いという宿命を持っています。「青果物の流通をめぐる状況」（平成26年11月　農林水産省）によると、ニンジンの東京都中央卸売市場への輸送費は、千葉県を100とした場合に北海道が290、また、トマトでは大分県が280とそれぞれ約3倍となっています。宮崎県の輸送費は示されていませんが、北海道や大分県と同程度の指数と考えられます。

末端の小売価格が大都市近郊県のそれと同じであれば、輸送経費の部分だけ農家が受け取る金額は低くなる、つまり、経費を控除した農家の所得が落ちるということになります。こうしたこともあって、本県の平成27年の生産農業所得率は図表78のとおり26.8％で、全国最下位となっています。

また、農林水産業は、県際収支が、図表59で確認したように、平成23年で約665億円のプラスとなっているなど外貨獲得の稼ぎ頭のひとつです。今後も、青果物・生鮮食料品として、売れるものはしっかり売っていくことが重要と考えます。

農業産出額は多いが、農業所得は低い

[図表78]　都道府県別農業産出額と生産農業所得（平成27年）

都道府県		農業産出額（億円）	生産農業所得（億円）	農業産出額に占める生産農業所得の割合（%）	都道府県		農業産出額（億円）	生産農業所得（億円）	農業産出額に占める生産農業所得の割合（%）
北 海 道	①	11,852	4,840	40.8	大　　　阪		341	111	32.6
青　　　森	⑦	3,068	1,338	43.6	兵　　　庫		1,608	578	35.9
岩　　　手		2,494	855	34.3	奈　　　良		408	141	34.6
宮　　　城		1,741	640	36.8	和　歌　山		1,011	336	33.2
秋　　　田		1,612	591	36.7	鳥　　　取		697	254	36.4
山　　　形		2,282	1,018	44.6	島　　　根		570	241	42.3
福　　　島		1,973	864	43.8	岡　　　山		1,322	452	34.2
茨　　　城	②	4,549	1,604	35.3	広　　　島		1,164	407	35.0
栃　　　木	⑨	2,723	1,060	38.9	山　　　口		627	260	41.5
群　　　馬	⑩	2,550	784	30.7	徳　　　島		1,037	327	31.5
埼　　　玉		1,987	722	36.3	香　　　川		815	277	34.0
千　　　葉	④	4,405	1,691	38.4	愛　　　媛		1,237	510	41.2
東　　　京		306	87	28.4	高　　　知		1,011	320	31.7
神　奈　川		808	267	33.0	福　　　岡		2,191	837	38.2
新　　　潟		2,388	966	40.5	佐　　　賀		1,303	578	44.4
富　　　山		617	235	38.1	長　　　崎		1,553	493	31.7
石　　　川		500	195	39.0	熊　　　本	⑥	3,348	1,177	35.2
福　　　井		428	159	37.1	大　　　分		1,287	472	36.7
山　　　梨		815	377	46.3	宮　　　崎	⑤	3,424	918	26.8
長　　　野		2,420	930	38.4	鹿　児　島	③	4,435	1,367	30.8
岐　　　阜		1,123	379	33.7	沖　　　縄		935	349	37.3
静　　　岡		2,204	744	33.8	合　　　計		88,631	32,698	36.9
愛　　　知	⑧	3,063	993	32.4					
三　　　重		1,091	368	33.7					
滋　　　賀		586	319	54.4					
京　　　都		719	268	37.3					

出典：平成27年生産農業所得統計（農林水産省）より抜粋
注　：○内の数字は全国順位。以下同じです。

● 今後の方向性

① 流通コストの圧縮

　農家の手取り（所得）を増やすための方法は、生産や流通面でのコスト削減か、収量や単価面での売上げアップの2つです。

　生産コストの低減や収量アップについては、土づくりから施肥や調整などの栽培管理方法、機械化など農家の自助努力に負うことが大きいと言えますが、流通コストの低減については、特に大消費地から遠隔にある地域においては、そうとは言い切れません。

　農林水産物は一般に、農家の手によって収穫されたのち、地域の集荷場に

運ばれ、そこからトラックによって消費地に運ばれていきます。消費地へは、トラックのまま陸送、あるいは、途中船便を利用しての輸送となります。そして、消費地市場へ運ばれたのちセリにかけられ、卸売業者から小売業者へと荷は動き、最終的に小売業者から消費者にわたります。この過程で発生する流通コストを農林水産物価格に転嫁できない場合には、本県のように大消費地から離れた地域においては、農家の自助努力には限界があり、大きな負担となります。また、輸送過程において本県のトラックやカーフェリーが利用される場合には、コスト削減には一定の限界があります。

②高付加価値化による単価アップ

　流通コストの低減に一定の限界があるとすると、次に考えられるべきは単価のアップです。ブランド力を高め輸送コストを小売価格に転嫁できるような売り方が必要となります。ブランド力を高める具体的な方策としては、品質向上は当然のこととして、前述したように鮮度保持技術を確立し「完熟」をキーワードに売る売り方、機能性を付加価値に結びつける売り方、ＧＩやＧＡＰなどのグローバル認証制度を取得して売る売り方などがありますが、一定の投資と地道な取り組みが必要となります。生産者を含めた関係者の十分な意思の共有が課題となります。

2.　農業を全体としてとらえ、農業の将来を考える

　いずれの道を選択する場合にも忘れてならないことは、農業の困難性・多様性を消費者等の顧客に理解していただく努力です。図表79は、最終的な顧客である消費者に対して、農業の困難性と多様性を理解していただくため作成した資料です。

　図表の中ほどには、キュウリなどの施設園芸をイメージした農作業の工程を描いています。品種選定や土づくりから、播種、育苗、収穫、選別、出荷、後片付け、土壌消毒に至るまで、消費者には見えない作業を含めて、実に様々な工程があります。そうした工程を踏まえ、農家は、畝づくりから部会活動に至るまでの栽培技術の習得、農業経営のノウハウ、低炭素技術など

112

農業は様々な要素を擦り合わせる高度産業である

[図表79] 農業の困難性と多様性

- 農業者は、生産・販売過程において、自助努力ではどうにもならない外的要因と高度な農業生産技術への対応を迫られている。
- 農業は、各要素間の十分な調整を要する「高度な擦り合わせ型産業」である。

外的要因		
	1 気象条件	（晩霜害、雹、干ばつ、少雨、多雨、強風害、台風害、洪水、温暖化）
	2 地形的条件	（中山間地域、島しょ、過疎地域、大都市圏との距離）、土壌劣化
	3 国際化の波	（原油高騰、化学肥料高騰、TPP、WTO、FTO、輸入農産物、飢餓人口、輸出規制、開発輸入、アジアの発展）
	4 技術発展の波	（種子の独占化、遺伝子組み換え）
	5 その他	（鳥獣被害〈イノシシ、シカ、サル、トリ〉、窃盗等）

農作業等の工程（例）

品種選定							調整・選別・梱包	一時保管	集荷場	市場	仲卸・小売り	消費者
	播種	育苗	定植	整枝	受粉	結実	収穫					
土づくり							後片付け		土づくり		土壌消毒	

農家の取り組み		
	1 栽培技術習得	（畝づくり、施肥、整枝、マルチ、露地、施設、水管理、温度管理、湿度管理、減農薬・減化学肥料、堆肥化、有機栽培、部会活動等）
	2 農業経営	（消費者ニーズの把握、農業所得の確保〈粗収益の確保、農業経営費の見通し、支払利息、支払地代〉、契約取引、集落営農、法人化、負債軽減、税務申告等）
	3 低炭素技術習得	（重油代替、木質ペレット、ヒートポンプ、小水力発電、2層カーテン、循環扇、廃プラ等）
	4 農作業事故防止	（農薬、農業機械、トラック、サイロ）、労災保険
	5 農業共済加入／6 土壌中・空中の病害虫対策／7 ミツバチ確保／8 土壌消毒・改良	
	9 鳥獣被害対策	（捕獲、電気柵、忌避剤等）
	10 鮮度保持・品質確保、残留農薬検査、表示の適正化、食品リサイクル等	
	11 集落での営み	（普請、土地改良区、水利組合、祭り、冠婚葬祭等）

行政課題		
	1 担い手確保	（農業高校、農業大学校、SAP、新規参入、認定農業者、法人化、集落営農、実践塾、外国人研修制度等）
	2 生産基盤の整備	（ほ場、畑地かんがい、農道、用排水路、耕作放棄地再生、換地制度、農地転用、農業振興地域制度等）
	3 諸団体との調整	（国及びその出先機関、農業会議、市町村、農業委員会、農業協同組合・各部会、専門農協、農業共済組合、農地保有合理化法人、農地利用集積円滑化団体、農用地利用改善団体等）
	4 経営の指導	（品種選定、施肥技術、栽培技術、鮮度保持技術、加工技術、土壌診断、低炭素技術、金融等）
	5 試験研究・技術開発	（品種改良、知的財産権保護、残留農薬、糖度判定・機能性分析技術等）
	6 その他	（ブランド対策、価格安定制度、食品表示、地産地消、食農教育、流通、輸出等）

出典：各種資料により筆者作成

3-5-❸　宮崎県農業を見える化する

[図表80]　本県農業の現状・課題・方向

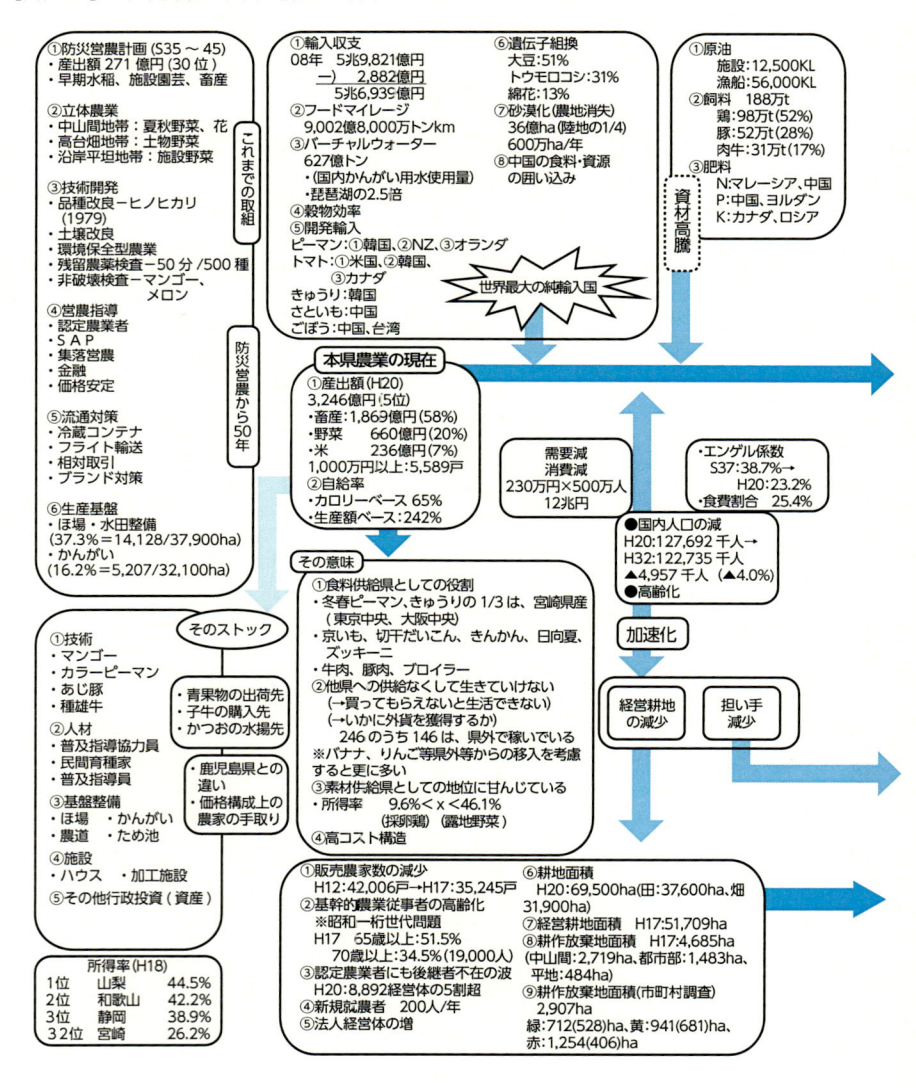

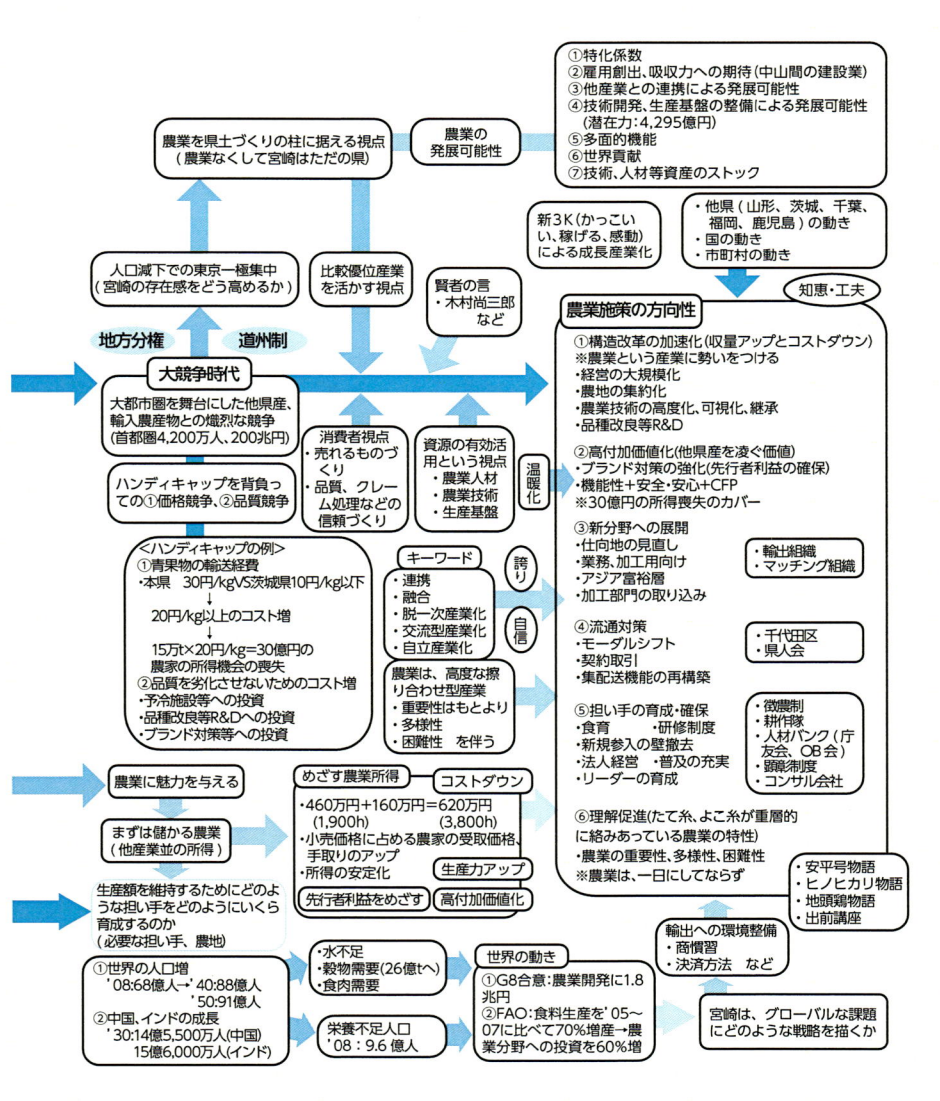

出典：各種資料に基づき平成22年3月筆者作成

の新たな技術の習得、事故防止や病害虫対策から鳥獣被害対策、鮮度保持・残留農薬対策、さらには普請などの集落での営みに至るまで、「百姓」という言葉があるとおりありとあらゆる作業に取り組まなければなりません。

　こうした農家の取り組みに対して、行政は、担い手の確保や生産基盤の整備、経営指導、品種改良等の試験研究、ブランド対策など多方面からの支援をしています。忘れてならないことは、このような農家や行政の努力ではどうにもならない気象条件・地理的条件・国際化の波などの外的要因を抱えているということです。農家の自助努力を大前提に、消費者には農家の置かれているこのような立場や艱難を理解した上で、農林水産物を消費していただきたいと考えています。

　以上のような前提に立って、20年、30年後の本県農業の未来を描くためには農業を取り巻く様々な事象を可能な限り「見える化」して議論を進めることが大切です。そのために用意したものが**図表80**です。図表は、「これまでの本県農業の成果を整理し、今後農業に影響を与える環境変化は何か、そしてそれを踏まえた今後の農業施策の方向について、特に農業所得を増やすための課題は何か」という問題意識のもとに、その全体像を一枚の紙に描き出したものです。

　本県は、農業に携わる先人の知恵や工夫によって日本有数の食料供給県としての地位を築いてきましたが、資材価格の高騰や後継者不足などの構造的な課題に直面しています。

　地方分権、道州制、さらには地方創生という流れの中で、本県の存在感と独自性をより一層際立たせるためには、強みである農業を柱にした県土づくりを進めていくことが大切だと考えます。

　このためには、農業の多面的機能について各方面の理解を得ながら農業所得の向上を早急に実現し、若者に魅力があり持続可能な産業として農業を再生していくことが必要不可欠です。また、このことにより、人口増や食料不足といった地球的規模での課題解決にも貢献できると考えます。

　これらの図表79、図表80が、本県農業と「みやざき」の将来についての活発な議論を喚起する一助になればと思います。

製造業の弱みを克服する
—— 産業の振興・その2

1. 伸びてはいるが、付加価値は低位 —— 本県製造業の現状と課題

　次に製造業を考えます。一口に製造業といっても幅が広く、農林水産業との関連が深い食料品製造業や木製品製造業から、集積回路や液晶パネルなどの電子部品、デジタルカメラなどの情報通信機器、自動車部品や飛行機などの輸送機械に至るまで数多くの業種があります。

3-6-❶ 出荷額は下位にあるが、伸び率は全国トップ

[図表81]　都道府県別製造品出荷額等と伸び率（単位：億円、％）

	2005年(a)	2010年(b)	2014年(c)	c/a(%)	c/b(%)		2005年(a)	2010年(b)	2014年(c)	c/a(%)	c/b(%)
全国	2,953,455	2,891,077	3,051,400	103.3	105.5	三重県	94,581	97,647	105,427	111.5 ⑩	108.0
北海道	54,647	59,529	66,728	122.1 ⑤	112.1 ④	滋賀県	63,842	65,741	68,139	106.7	103.6
青森県	12,051	15,107	15,951 ㊵	132.4 ①	105.6	京都府	48,695	48,329	48,152	98.9	99.6
岩手県	23,770	20,991	22,707	95.5	108.2	大阪府	163,019	157,131	165,292	101.4	105.2
宮城県	35,702	35,689	39,722	111.3	111.3 ⑨	兵庫県	134,778	141,838	148,884	110.5	105.0
秋田県	14,026	13,176	12,149 ㊸	86.6	92.2	奈良県	21,565	19,180	18,969	88.0	98.9
山形県	28,692	27,559	26,081	90.9	94.6	和歌山県	27,803	26,769	29,950	107.7	111.9 ⑦
福島県	55,686	50,957	50,990	91.6	100.1	鳥取県	10,682	8,428	6,804 ㊺	63.7	80.7
茨城県	107,982	108,458	114,085	105.7	105.2	島根県	10,636	9,840	10,567 ㊹	99.4	107.4
栃木県	83,522	84,591	82,938	99.3	98.0	岡山県	72,956	77,006	82,557	113.2 ⑨	107.2
群馬県	77,390	75,268	83,635	108.1	111.1 ⑩	広島県	77,866	87,325	95,685	122.9 ④	109.6
埼玉県	138,021	128,532	123,908	89.8	96.4	山口県	60,250	63,487	65,196	108.2	102.7
千葉県	121,127	123,805	138,743	114.5 ⑧	112.1 ⑤	徳島県	16,056	16,756	17,839	111.1	106.5
東京都	108,082	82,422	81,594	75.5	99.0	香川県	21,600	26,144	23,714	109.8	90.7
神奈川県	194,002	172,467	177,211	91.3	102.8	愛媛県	34,352	37,924	41,392	120.5 ⑥	109.1
新潟県	46,378	43,280	46,426	100.1	107.3	高知県	5,469	4,681	5,260 ㊼	96.2	112.4 ③
富山県	35,894	32,233	35,672	99.4	110.7	福岡県	77,515	82,076	84,336	108.8	102.8
石川県	24,913	23,742	26,019	104.4	109.6	佐賀県	15,616	16,670	17,357	111.1	104.1
福井県	18,523	18,070	18,918	102.1	104.7	長崎県	14,924	17,401	15,625 ㊶	104.7	89.8
山梨県	24,469	23,210	21,331	87.2	91.9	熊本県	26,208	25,209	24,740	94.4	98.1
長野県	62,599	56,383	54,548	87.1	96.7	大分県	36,717	40,791	45,589	124.2 ②	111.8 ⑧
岐阜県	50,880	48,275	51,012	100.3	105.7	宮崎県	12,888	13,120	15,276 ㊷	118.5 ⑦	116.4 ①
静岡県	173,227	157,931	160,507	92.7	101.6	鹿児島県	18,113	18,145	19,128	105.6	105.4
愛知県	395,140	382,108	438,313	110.9	114.7 ②	沖縄県	5,151	5,655	6,336 ㊻	123.0 ③	112.0 ⑥

出典：「工業統計」

3-6-❷　**生活関連と加工組立型が伸びてきている**

[図表82]　宮崎県の業種別の伸び率、寄与度、寄与率（単位：万円、％）

	平成22年	構成比	平成26年	構成比	増減額	増減率	寄与度	寄与率
食料品	25,836,801		31,699,730		5,862,929	122.7%	4.5%	27.2%
飲料・たばこ	14,821,197		15,923,352		1,102,155	107.4%	0.8%	5.1%
繊　維	6,209,354		8,425,614		2,216,260	135.7%	1.7%	10.3%
家　具	485,892		707,108		221,216	145.5%	0.2%	1.0%
印　刷	1,292,609		1,267,076		-25,533	98.0%	0.0%	-0.1%
皮　革	0		0		0	0.00%	0.0%	0.0%
その他	1,599,424		1,917,260		317,836	119.9%	0.2%	1.5%
生活関連型	50,245,277	38.3%	59,940,140	39.2%	9,694,863	119.3%	7.4%	45.0%
木　材	3,771,012		4,685,087		914,075	124.2%	0.7%	4.2%
パルプ・紙	4,614,532		4,187,756		-426,776	90.8%	-0.3%	-2.0%
化　学	15,340,147		15,122,172		-217,975	98.6%	-0.2%	-1.0%
石油・石炭	441,937		584,003		142,066	132.1%	0.1%	0.7%
プラスチック	2,966,184		3,950,246		984,062	133.2%	0.8%	4.6%
ゴ　ム	10,571,603		12,028,788		1,457,185	113.8%	1.1%	6.8%
窯業・土石	3,525,379		3,719,420		194,041	105.5%	0.1%	0.9%
鉄　鋼	2,054,593		2,414,199		359,606	117.5%	0.3%	1.7%
非　鉄	345,250		319,659		-25,591	92.6%	0.0%	-0.1%
金　属	2,712,030		3,621,846		909,816	133.5%	0.7%	4.2%
基礎素材型	46,342,667	35.3%	50,633,176	33.1%	4,290,509	109.3%	3.3%	19.9%
はん用機械	1,638,804		812,239		-826,565	49.6%	-0.6%	-3.8%
生産用機械	2,279,024		4,589,324		2,310,300	201.4%	1.8%	10.7%
業務用機械	1,947,777		3,828,186		1,880,409	196.5%	1.4%	8.7%
電子部品	16,909,137		16,137,761		-771,376	95.4%	-0.6%	-3.6%
電気機械	2,895,582		8,629,783		5,734,201	298.0%	4.4%	26.6%
情報機械	3,928,801		4,277,537		348,736	108.9%	0.3%	1.6%
輸送機械	5,009,538		3,910,370		-1,099,168	78.1%	-0.8%	-5.1%
加工組立型	34,608,663	26.4%	42,185,200	27.6%	7,576,537	121.9%	5.8%	35.1%
	131,196,607		152,758,516		21,561,909	116.4%	16.4%	100.0%

出典：「工業統計」に基づき筆者作成
注：「生活関連型産業」などの区分は、
　　経済産業省の区分に従いました。

　本県の製造品出荷額は、図表81のとおり、平成26年（2014）が１兆5,276億円と全国の下位に位置することから製造業の振興は長年の課題となってきました。製造品出荷額が全国下位に甘んじている理由としては、生活関連型業種の割合が高く加工組立型業種の割合が低いことが考えられてきましたが、同じく図表81のとおり近年は、全国の中でもトップクラスの伸び率となっています。

　その要因を業種別に見ると、図表82のとおり、食料品、繊維、家具などの生活関連型産業や電気機械、生産用機械、業務用機械など加工組立型産業

[図表83]　宮崎県の業種別付加価値率の推移

	平成12年	平成17年	平成23年	
農　業	65.5	59.4	55.9	
畜　産	15.6	28.7	24.6	
林　業	48.3	73.7	64.4	
漁　業	59.4	49	44.4	
鉱　業	47.1	34.7	40.2	
飲食料品	34	32.2	34.4	⑧
繊維製品	38.8	47.3	43.1	⑤
パルプ紙木製品	33.6	31.7	29.5	⑪
化学製品	35.3	31.6	22.1	⑰
石油石炭	34.9	24.6	33.6	⑩
プラスチックゴム	30.4	31.9	28.6	⑫
窯業土石	43.5	46.8	46.5	③
鉄　鋼	28	37.1	37.2	⑥
非鉄金属	38	64.7	12.8	⑱
金属製品	44.3	43.6	33.9	⑨
はん用機械	45.3	52.6	45.8	④
生産用機械	52	35	28.6	⑬
業務用機械	41	61.4	58.2	①
電子部品	44.6	30.3	28.3	⑭
電気機械	41.6	43.6	35.2	⑦
情報通信機器	28.8	19.6	25.2	⑮
輸送機械	28	30.6	23.6	⑯

	平成12年	平成17年	平成23年	
その他製造	40.7	52.2	50.7	②
建　設	47.4	46.5	46.5	
電気ガス	70	64.8	55.8	
水　道	51.3	46.6	46.9	
廃棄物処理	74.5	69	70.5	
商　業	72.8	77.3	80	
金融保険	69	67.4	70.5	
不動産	85	85.3	84	
運輸郵便	48.2	41.9	46.3	
情報通信	60.7	64.8	56.9	
公　務	75	68.6	66.2	
教育研究	81.8	75	72	
医療福祉	57.6	62.5	65.3	
非営利	64.9	49.6	48.9	
対事業所サ	56.3	57.8	72.1	
対個人サ	57.4	59.7	56	
事務用品	0	0	0	
分類不能	51.8	-4.9	41.5	
計	55.7	55.2	56.2	

出典：「産業連関表」に基づき筆者作成
○印は、製造業の中での順位。

が大きく伸びているほか、木材、プラスチック、ゴム、金属などの基礎素材型産業も安定的に伸びてきています。特に、食料品製造業は、寄与率が27.2％と最も高く、農林水産業に強みを持つ本県にとっては、今後大いに期待を抱かせる状況となっています。また、加工組立型産業も近年増加しており、全体としてみるとバランスの取れた業種構造になりつつあることが窺えます。

　しかしながら今後は、こうした勢いをいかに県民の所得向上に結び付けていくか、付加価値の連鎖を生み出していくかが課題となります。

　付加価値率をみると図表83のとおり産業平均を上回っているのは製造業の中では、業務用機械だけとなっています。特に、県内に六十数社関連企業数のある輸送機械については、県際収支においてもマイナス幅が大きくなっており（図表59）、付加価値を県内にとどめ置く工夫が求められています。

2.　県内歩留まり率を高める

　製造業に厚みを加え県民所得の向上につなげていくためには、それぞれに
きめの細かい分析と対応策が必要ですが、総括的に言えば、本来持っている
生産波及効果が充分には県内に残らない、つまり、生産波及効果の県内歩留
まりが非常に低い産業構造をどう歩留まりの高い構造に変えていくかという
観点からの検討が必要です。

　例えば、図表84をご覧ください。輸送機械は、封鎖型の生産誘発係数（現
在の産業構造を前提にしつつ、県外との取引が全くないものとして原材料等をすべて県
内で調達すると仮定して算定する数値）が平成23年で2.8386、開放型の生産誘発
係数（県外からの移輸入を考慮した現状の取引をもとに算定する数値）が1.2686、結果
として、県内歩留まり率は44.7％と業種別では最も低く、潜在能力を十分に
は発揮できていない状況にあります。ちなみに、トヨタ自動車本社のある愛
知県は、封鎖型が3.4914と極めて高く、開放型も1.8088、歩留まり率が51.8％、
全国では、開放型で2.7745（封鎖型はデータが示されていません）となっています。

　この要因は前著でも触れましたが、約３万点といわれる自動車部品のサプ
ライチェーンの中で、多くの企業が県外から部品を移入しそれを自社で加工
し、そのまま県外の発注先に納入している、単工程的加工あるいは単発的加
工にあると考えられます。

　なお、自動車産業のようにがっちりと構築されたサプライチェーンの中
で、新たな受注をどのように獲得できるのか知人に尋ねたところ、「数多く
の取引先の中には、納期をたびたび守らなかったり、苦情を言ってきたり、
惰性で仕事を回しているような部分がある。がっちりと見えるサプライチ
ェーンにもちょっとした隙間がある。ただこの隙間は、ちょっと見にはわか
らないので、発注者の心が見えるようになるまで足繁く通うなどの努力とサ
プライチェーンの継ぎ目、隙間を見抜く眼力が必要」との答えが返ってきま
した。難攻不落に思える物事にもひるむことなく向かっていく姿勢が必要だ
と感じました。

3-6-④ 県内歩留まり率が低い宮崎県の産業構造

[図表84] 輸送機械の生産誘発係数

区　　分	封鎖型		開放型		県内歩留まり率	
	平成17年	平成23年	平成17年	平成23年	平成17年	平成23年
宮　崎　県	2.5958	2.8386	1.1761	1.2686	45.2%	44.7%
愛　知　県	3.3435	3.4914	1.9159	1.8088	57.3%	51.8%
全　　国			2.8134	2.7745		

出典：「産業連関表」

3-6-⑤ サプライチェーンの下位にある宮崎県の自動車関連産業

[図表85] トヨタのサプライチェーンピラミッド

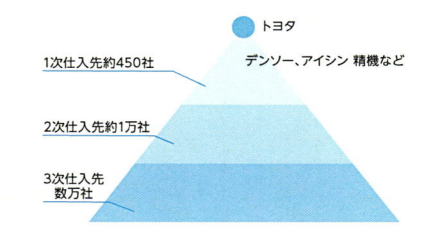

トヨタ
1次仕入先約450社　デンソー、アイシン 精機など
2次仕入先約1万社
3次仕入先 数万社

注：約3万点の部品をどの企業から仕入れるかという調達の流れや物流、販売網の流れを総合して、サプライチェーンといいます。円滑な生産や製品の品質、コスト管理などで重要な役割を担っています。（平成27年3月9日付け日本経済新聞）
※1次、2次、3次という表現はサプライチェーンを説明するための便宜上の表現であり、企業間の優劣を表すものではありません（筆者注。次表においても同じです）。

[図表86] 本県における自動車関連産業のサプライチェーン

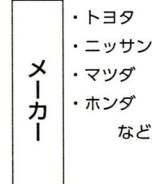

メーカー	一次サプライヤー	二次・三次サプライヤー	
・トヨタ ・ニッサン ・マツダ ・ホンダ など	・A社 キーセット、ドアミラーなど ・B社 パワーウインドウモーターなど ・C社 自動車用タイヤ	ワイヤーハーネス ボルト・ナット 樹脂加工 表面処理 など60数社	

自動車部品数約3万点

出典：九州自動車関連企業データーベース（九州自動車・二輪車産業振興会議）に基づき筆者作成
※本県の関連企業については、下記を参照
九州自動車関連企業データベース
http://www.pref.fukuoka.lg.jp/uploaded/life/247596_52360130_misc.xls

3-6-**6**　**20年にわたって地道な取組みがつづいている**

[図表87]　共同受注※の取り組み（平成29年12月末現在）

名　称	会員企業	会員業態
共同受注ネットワークMIX	ミクロエース㈱／㈱中園工業所／システム技研㈱／㈱奈良鐵工／㈱ヒーテック	メッキ、表面処理、自動機設計製作、熱処理、製缶、機械加工、産業機械設計製作
延岡共同受注グループNEF	㈱花菱塗装技研工業／㈱昭和／㈱興電舎／安井㈱／吉玉精鍍㈱	産業機械設計製作、機械加工、精密板金、盤設計製作、計装制御、塗装、メッキ、表面処理、樹脂成形
ひまわり工業会	㈱アキタ製作所／㈱吉見／㈱日向中島鉄工所	産業用機械設計製作据付、焼却プラントの製作据付、食品機械の設計製作、その他製缶、配管、メンテナンス

出典：(公財) 宮崎県産業振興機構ＨＰより

注：平成10年ころ、長引く不況に対応するため、異業種または同業者がグループを結成して受注拡大
を図ることを目的に全国で共同受注グループが結成されました。本県では、これらの3グループ
が結成され、現在に至っています。

● **対応及び取り組み事例**

　単工程的加工あるいは単発的加工である流れを、受注した仕事を自社から県内の他社につなげていくような仕事の流れ、すなわち県内において加工の連鎖、つまり付加価値の連鎖を生み出すような流れを作っていくことが重要です。約3万点の部品から構成されている自動車には、極論すれば、3万の付加価値を生み出す工程があるということになり、これをいかに県内に多く生み出していくか、取り込んでいくかということが大きな課題になります。

　このためには、個々の企業の技術力を高めることはもとより、企業の集積を高めていくことや共同受注体制を築いていくことなどが考えられます。企業の集積については、より有利な条件を求めてグローバルに展開している今日、地方への集積を図っていくことは難しい面もあります。共同受注については、図表87のとおり、いくつかの取り組みがあります。また、図表69及び別表1，2で紹介した成長期待企業育成の取り組み、こうした企業以外にも別表3で紹介した企業は、いわゆるニッチな分野を足掛かりに、県外さらには国外に売り込みをかけています。さらには、図表88のとおり、業界全体や異業種で協力しながら新規受注の獲得や新商品開発などを進める動きもあります。今後の取り組みを大いに期待するものです。

[図表88] 業界・異業種交流による取り組み（例）

団 体 名	取り組み内容
（一社）宮崎県工業会 会員数：274社・機関 （平成30年6月現在） 代表／旭化成㈱常務執行役員 延岡支社長 竹本 常夫 氏	県内企業が、業種、業態等の相違にかかわらず交流を深めるとともに、組織的な事業推進を通じて、地域企業の経営基盤の強化、技術の高度化、新技術・新製品の開発による新規事業分野への進出等を促進し、本県工業の振興、さらには地域社会の発展に主体的に取り組んでいくことを目的としています。
宮崎県自動車産業振興会 会員数：40企業、10団体 （平成30年6月現在） 代表／㈱ホンダロック 代表取締役社長 髙橋 登 氏	自動車関連産業への新規参入や高度な技術力の集積、受発注機会の拡大を促進するため、県内企業や支援機関が連携し、自動車産業に関する各種研修会や商談会等の開催・参加を通じた企業力の向上や情報の収集提供に取り組んでいます。
宮崎県医療機器産業研究会 会員数：84企業、18団体会員 （平成30年3月現在） 代表／安井㈱代表取締役社長 松田 哲 氏	東九州メディカルバレー構想に基づき、医療機器産業の振興を図るため、県内企業の産学官が連携し、専門知識の向上、展示会への出展、産学連携、医工連携の推進などに取り組み、企業の新規参入、取引拡大を推進することを目的としています。
（一社）霧島工業クラブ 会員数：40社、6団体 （平成30年6月現在） 代表／㈱下森建装代表取締役 下森 康玄 氏	都城工業高等専門学校を核とした地域協力型異業種交流グループであり、産学官の相互協力により、技術の本格的な拠点づくりや、誘致企業と地域企業の技術交流、高付加価値製品の開発、次代を担う人材の育成などを促進し、もって本地域産業の技術集積及び経済の健全な発展を図ることを目的として活動しております。
宮崎県食品産業協議会 会員数：68 （平成30年6月現在） 代表／道本食品㈱代表取締役 道本 英之 氏	県内の食品産業相互の連携や生産者と食品産業との連携の促進を図ることによる県内食品産業の発展を目的として、新商品開発や販路開拓の支援へ向けた、研修会・セミナー等を実施するなど、様々な取り組みを行っています。
宮崎県太陽電池・ **半導体関連産業振興協議会** 会員数104企業・団体 （平成30年1月現在） 会長／宮崎大学教授 西岡 賢祐 氏	みやざきソーラーフロンティア構想に基づく太陽電池関連産業の振興及び半導体関連産業の振興を図るため、県内の産学官が連携し、地場企業の参入支援、人材の育成、研究開発等を推進することを目的として設立
宮崎県中小企業家同友会 会員数：431 （平成30年6月現在） 共同代表理事／ ㈱日向中島鉄工所代表取締役 島原 俊英 氏 宮崎食研㈲代表取締役 田原 敬介 氏 ㈱島大組代表取締役 宮島 孝美 氏	中小企業家の自主的・民主的な組織として次のことを目的として活動をすすめます。 1　広く会員の経験と知識を交流して、企業の自主的近代化と強靭な経営体質をつくります。【自主的な努力による経営体質の改善】 2　相互の知識を吸収し、資質を高め、現代の経営者に要求される総合的な力を身につけます。【謙虚に学び合い総合的な能力を養う】 3　他の中小企業団体とも提携して、中小企業をとりまく経済・社会・政治的な環境を改善し、中小企業の経営を守り安定させ、日本経済と地域経済の自主的・平和的な繁栄を目指します。【経営環境の改善に努める】

出典：宮崎県及び関係機関団体のHPなどによる

連携により可能性を拡げる
—— 産業の振興・その3

1. 農商工連携や6次産業化によって、強みをつなぐ

　次は、強みの連携です。

　既に確認したように、製造業の中でも飲・食料品製造業は、出荷額伸び率が高く県外から外貨を稼ぐ産業です。この業種は、農林水産業との関連が深い産業ですが、本県は他県と比較してその結びつきが弱い状況にあります。

　農林水産物のかなりの部分は、素材のまま県外・海外に移輸出されていると考えられます。農林水産物がそのまま生鮮食品として最終消費されているのであれば、輸送コストをカバーできるだけの品質の高い農林水産物を生産し、その売り込みに全力を挙げればよいことになりますが、県外で加工され加工品として消費されているのであれば、付加価値が県外に流出していることになり、この加工部分を県内にとどめ置く工夫が必要となります。こうした観点から、県はフードビジネス振興構想を策定し、その推進過程の中で農商工連携と6次産業化に取り組んでいます。平成34年4月1日から完全実施される加工食品の産地表示義務付けは、農林水産物の豊富な本県にとっては追い風になると考えられます。

　平成24年度に策定された同構想では、食品関連産業生産額を平成21年度の1兆2,586億円から、10年後の32年に1兆5,000億円に伸ばすという目標を掲げています。これを、筆者なりにイメージ図に凝縮したのが図表89です。

　左側に、現在の農林水産業と食品製造業及びその関連産業などとの関係を描き、右側に、将来の農林水産業と食料品製造業及びその関連産業などとの関係を描いています。左側の1兆2,586億円の内訳として、県民経済計算によれば、農林水産業が3,767億円、食料飲料製造業が3,848億円、関連産業・関連投資が4,970億円となっており、これを10年後には、様々な施策を講じ

[図表89] フードビジネス振興構想の全体像

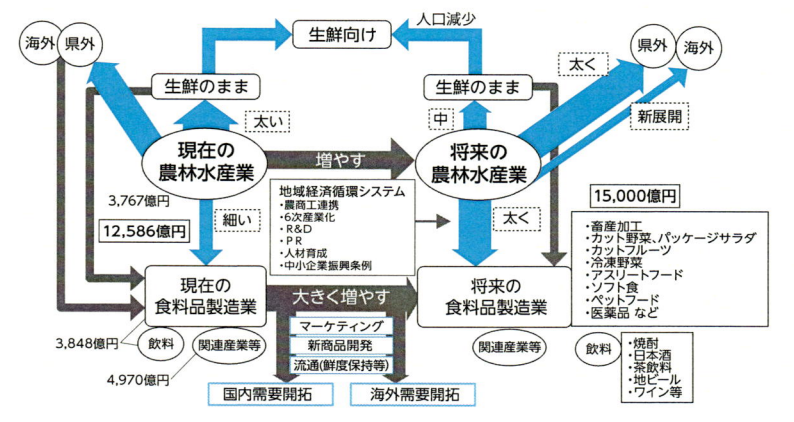

出典：各資料により筆者作成

て、1兆5,000億円に伸ばそうというものです。これを筆者なりに解釈しますと、素材供給として生鮮のまま県外に出荷している割合が多く県内の食品製造業などとの関わりがどちらかといえば細かった農林水産業を、地域経済循環システムの考え方を政策の基本に置きながら、農商工連携、6次産業化、研究開発、人材育成、マーケティングなどを施策に組み込んで、県内の食品製造業などとの関わりを太くし、両者が相まって、国内外への販路を開拓していくことではないかと思います。「我々は、農業というものを、種をまいてから収穫するまでの狭いものとしてしかとらえていなかった。これからは、人々の口の中に入るまでを農業ととらえる必要がある」（羽田正治元宮崎県経済連会長）と。まさにその通りだと思います。

　ここで問題なのは、図では、「太い」とか「細い」という表現を使っていますが、現在の農林水産物が、生鮮のままどの程度県内外に流れているのか、また、県内外からどの程度、県内の食料品製造業などに原材料として流れているのか実態がつかめていないということです。右側の「将来の農林水産業」と「将来の食料品製造業」との間を「太く」と描いていますが、現状

農工商連携はそれぞれの経営資源を有効に活用して行う事業活動

[図表90]　農商工連携のスキーム

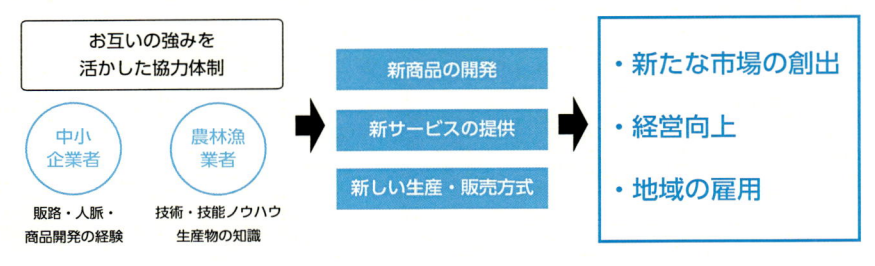

出典：（公財）宮崎県産業振興機構「業務案内」より

の実態がつかめていない以上、どの程度「太く」できるのか、また、どの程度「置き換え」が可能なのか判断がつかないということです。そういう意味で、「フードビジネス振興構想」の実現性をより高めていくためには、まず、実態の把握を進めていくことが重要なのではないかと思います。

● 農商工連携

　農商工連携は、図表90のとおり、中小企業者の持っている販路・人脈・商品開発の経験と農林漁業者の持っている生産ノウハウや技術などお互いが持っている強みを活かして、新商品開発や新サービス提供などを行い、新たな市場・雇用の創出や経営の向上を図ろうとするものです。異業種が連携して行う事業活動ですから、お互いの十分な意思疎通が前提となります。

　農商工連携を推進するため県は、平成21年度、（公財）宮崎県産業振興機構に「農商工連携応援ファンド」を造成し、支援してきました。支援事例は同機構のＨＰに掲載されていますので、ご参照いただきたいと思います。

● ６次産業化

　６次産業化とは、図表91で示されるように、「農林水産業者（１次産業）が、自ら生産した農林水産物を用いて、加工（２次産業）や流通・販売（３次

[図表91]　６次産業化の流れ

出典：（公社）宮崎県農業振興公社ＨＰより

産業）を一体的に取り組むこと」（（公社）宮崎県農業振興公社ＨＰ）とされています。

　６次産業化の取り組みは、１次産業サイドが、単に生産にとどまらず加工や販売まで手掛けることでこれらの過程で生まれる付加価値を取り込む大きなメリットがありますが、加工、販売というこれまでにない機能を求められるとともに、一定の資金力が求められることからリスクも伴います。専門家の意見を踏まえるなど十分な準備が求められます。なお、取り組み事例については、同公社のＨＰに紹介されていますのでご覧いただきたいと思います。

2.　農商工連携の事例 ㈱デイリーマーム（宮崎市）の「ゴボチ」の取り組み

　農商工連携の中で、特に成功した事例として㈱デイリーマームの「ゴボチ」の取り組みを紹介します。

　同社は、宮崎の素材にこだわった低価格弁当の製造販売を行う「にこ丸堂」の運営会社として平成19年に宮崎市に設立されました。「ゴボチ」の誕生は、弁当販売の傍らで、薄切りごぼうをしょうゆで味付けし揚げて、惣菜用に売り出したところ、女性客を中心に人気商品となり、用意した店頭パックがすぐに売り切れ、県外からも問い合わせが来るようになったことがきっかけでした。しかし、賞味期限が短く要望に対応できなかったため、平成22年から農商工連携応援ファンド事業を活用し、宮崎県食品開発センターと共同でごぼうチップスの開発に着手。類似品に打ち勝つために、産地や無添加

3-7-④ 農商工連携の取り組みで人気商品を開発し、海外にも展開

[図表92] （株）デイリーマームの取り組み

平成29年12月1日にオープンしたママンマルシェ

発売以来420万袋超を
売り上げたゴボチ

出典：㈱デイリーマーム提供

　の味付けにこだわり、しかも、素材の風味を生かすため、しょうゆや油など
も厳選し、カットの方法や厚みなども研究し、1年半かけて新商品の「ゴボ
チ」を開発。賞味期限も2日間から3か月に延びました。

　この間、福岡や宮崎でのテストマーケティングを実施し、満を持して宮崎
空港ビルで販売を開始したところ、平成23年年11月からの1年間で10万袋を
売り上げるヒット商品に。平成29年12月までに累計約420万袋超を売り上げ
る商品となりました。この間、平成25年には、（一財）食品産業センター主催
の「優良ふるさと食品中央コンクール」の国産農林産品利用部門で農林水産
大臣賞を受賞するなど、全国レベルの評価を獲得。平成26年からは、台湾と
シンガポールで海外販売もスタートし、平成28年にアメリカ（ハワイ）、平成
29年からはタイでの販売も開始しています。現在は、ロシア、イギリス、イ
タリアでも高い評価を受け、引き合いがきている状況にあります。

　さらに、同社は、平成29年12月に、高鍋町の国道沿いに生産工場（近い将
来、「オープンファクトリー」として生産工程を見学できる工場建設を予定）と店舗、
フードコートを兼ねた複合施設「ママンマルシェ」をオープンさせ、さらな
る生産拡大に乗り出しています。

　なお、同社は、平成28年度の「はばたく中小企業・小規模事業者300社」
（中小企業庁）にも選定されています。

県外から所得の流入を図る

●県外からの所得は、５年連続で増加している

次は、県外からの所得の流入をどう図るかです。

県内純生産から県民所得に移行する過程において、所得の県外との支払・受取を求めます。所得の県外との支払・受取は、図表93のとおり、ここ５年間は連続して受取超過増となっており、平成26年度は、合計で930億円が受取超過（県外から流入）となっています。

その内訳である雇用者報酬は、県外に居住している被雇用者が県内企業等から受け取る報酬額が、県内に居住している被雇用者が県外企業等から受け取る報酬額を上回れば、マイナス（純流出）となります。この５年間は純流出が続いています。一方、財産所得は、「金融的負債及び資産に関連した利子及び配当、地代、著作権等の使用料からなる」（「県民経済計算」より）とされています。この５年間は、増加し続けています。

●財産所得の増加の要因は？

財産所得の増加について、少し詳しく見てみます。図表94をご覧ください。

財産所得の増加の主な要因は、「家計」が高水準で流入していることに加えて、「金融機関」が平成24年度に流出から流入に転じ、その後連続して流入していることです。「家計」、「金融機関」とも、「利子」と「配当」（または「分配所得」）で受取が多くなっています。一方、「非金融法人企業」は「分配所得」で大きく支払超過（流出）となっています。

「法人企業の分配所得」とは、「株式に対する配当」「剰余金の分配（役員賞与を含む）」「企業の海外支店収益」「海外子会社の未分配収益」と定義されています。

「非金融法人企業」や「金融機関」などにおける「利子」や「法人企業の分配所得」の支払・受取が本県企業の実態をどのように反映しているのか詳

3-8-① 県外からの所得は流入がつづいている

[図表93]　県外からの所得（純）（単位：百万円）

区　分	平成22年度	平成23年度	平成24年度	平成25年度	平成26年度
県外からの所得（純）	37,597	43,493	60,551	80,593	93,022
雇 用 者 報 酬	-2,019	-2,381	-2,705	-2,924	-2,820
財 産 所 得	39,616	45,875	63,256	83,516	95,842

出典：「県民経済計算」

[図表94]　宮崎県の財産所得の内訳と推移（単位：百万円）

①非金融法人企業

	項　目	平成22年度	平成23年度	平成24年度	平成25年度	平成26年度
支払	1．財産所得	196,422	233,778	238,551	256,745	308,160
	(1)利子	55,804	51,100	41,361	41,808	59,860
	(2)法人企業の分配所得	115,466	156,059	168,603	182,667	214,928
	(3)賃貸料	25,152	26,620	28,588	32,269	33,373
受取	7．財産所得	127,506	163,920	171,534	192,040	243,412
	(1)利子	46,935	50,212	47,660	50,654	68,881
	(2)法人企業の分配所得	72,156	105,176	114,772	130,930	162,855
	(3)保険契約者に帰属する財産所得	821	840	826	802	836
	(4)賃貸料	7,595	7,692	8,276	9,655	10,841
	小　計	-68,916	-69,858	-67,017	-64,705	-64,748

②金融機関

	項　目	平成22年度	平成23年度	平成24年度	平成25年度	平成26年度
支払	1．財産所得	198,352	201,262	203,686	211,363	218,450
	(1)利子	123,113	124,672	120,723	124,099	132,626
	(2)法人企業の分配所得	8,605	10,727	15,217	17,580	14,680
	(3)保険契約者に帰属する財産所得	66,107	65,353	67,284	69,226	70,725
	(4)賃貸料	526	509	463	457	419
受取	8．財産所得	187,531	193,604	207,736	224,981	238,390
	(1)利子	157,745	157,328	158,608	169,179	186,729
	(2)法人企業の分配所得	29,776	36,264	49,116	55,793	51,653
	(3)保険契約者に帰属する財産所得	10	11	12	9	8
	小　計	-10,821	-7,658	4,050	13,618	19,940

細な分析が待たれます。

　なお、前著では、平成21年度において財産所得が大きく支払い超過であったことから、この文脈において本社機能を論じましたが、その後の研究でその関連性が必ずしも明らかにはならなかったため、「本社機能」については、第10節の「地域ブランドの構築」で触れていきます。

③一般政府

支払	項　目	平成22年度	平成23年度	平成24年度	平成25年度	平成26年度
支払	2．財産所得	44,935	46,437	46,122	44,640	44,630
	(1)利子	45,997	47,497	47,139	45,623	45,576
	(2)賃貸料	-1,062	-1,060	-1,017	-984	-946
受取	7．財産所得	25,210	23,636	22,707	24,523	25,259
	(1)利子	15,615	14,126	13,118	14,920	15,608
	(2)法人企業の分配所得	7,220	7,165	7,207	7,190	7,191
	(3)保険契約者に帰属する財産所得	9	8	8	8	8
	(4)賃貸料	2,367	2,338	2,374	2,405	2,453
	小　計	-19,725	-22,801	-23,415	-20,117	-19,371

④対家計民間非営利団体

支払	項　目	平成22年度	平成23年度	平成24年度	平成25年度	平成26年度
支払	2．財産所得	424	367	220	218	237
	(1)利子	313	240	84	88	107
	(2)賃貸料	111	127	135	130	129
受取	6．財産所得	2,899	1,916	1,649	1,657	1,705
	(1)利子	2,594	1,292	992	934	940
	(2)法人企業の分配所得	18	309	328	391	454
	(3)保険契約者に帰属する財産所得	16	17	19	18	20
	(4)賃貸料	271	298	309	315	292
	小　計	2,475	1,549	1,429	1,439	1,468

⑤家計（個人企業を含む）

支払	項　目	平成22年度	平成23年度	平成24年度	平成25年度	平成26年度
支払	2．財産所得	17,542	15,386	14,509	14,780	22,419
	(1)消費者負債利子	5,882	6,493	5,907	5,230	6,219
	(2)その他の利子	10,294	7,503	7,209	8,153	14,840
	(3)賃貸料	1,366	1,390	1,393	1,397	1,360
受取	9．財産所得	154,145	160,030	162,720	168,059	180,971
	(1)利子	55,366	56,849	58,769	59,565	65,148
	(2)配当	17,135	21,434	19,465	20,844	25,818
	(3)保険契約者に帰属する財産所得	67,052	66,189	68,121	70,176	71,564
	(4)賃貸料	14,592	15,557	16,365	17,473	18,441
	小　計	x	144,644	148,211	153,279	158,552
	財産所得の合計	39,616	45,875	63,256	83,516	95,842

出典：県民経済計算（抜粋）

●全国的に低い「働く人」の所得

次は、労働分配率についてです。「労働分配率」は、県民経済計算では、県民所得に占める雇用者報酬の割合を示しています。図表95にあるように、平成26年度の本県は63.0％で、全国と比べかなり低い状況となっています。

このことは、最低賃金にも影響していると考えられます。図表96にあるように、平成29年度の最低賃金は、東京958円、全国平均848円、本県はかなり低い737円となっています。全国ランクでは、最も低い（D）水準が続いています。なお、都道府県別については、図表10をご覧ください。

●賃金と内部留保の関係

若者の流出を食い止める手立てとして「若者に魅力ある雇用の場をつくること」がよく言及されますが、重要なことは、単なる雇用の場ではなく、「若者が定住し、家庭を持ち、子供を育て上げられるようなある程度の所得を稼げる雇用の場の創出」が大切です。しかし、県民所得が増えない中で県民雇用者報酬を増やせば企業所得が減るという労働分配率と企業所得は、トレードオフの関係にあります。したがって、企業の稼ぐ力を強くして県民所得全体を伸ばす中で労働分配率を上げていくということが必要です。

こうした中、国全体としてみた場合の企業の内部留保額は、図表97のとおり、平成28年度は406兆円と過去最大規模になっています。

一方で、従業員の満足度を高めることで堅実な会社経営を行っておられる企業が多数存在することも事実です。長野県の伊那食品工業㈱、埼玉県のサーマル化工㈱をはじめ筆者が出会った多くの素晴らしい経営者にはこうした点に意を尽くしておられる方が数多くいらっしゃいます。

厚生労働白書（平成26年）では、「労働者の勤労意欲が高いと考える企業では労働者の定着率や労働生産性が高いと考える割合が高く、企業の収益性を

3-9-❶ 「働く人」の所得は全国的にみてかなり低い

[図表95] 労働分配率の推移（単位：10億円、%）

区　分	平成22年度	平成23年度	平成24年度	平成25年度	平成26年度
雇用者報酬	1,647	1,637	1,637	1,642	1,670
県民所得	2,528	2,554	2,564	2,672	2,653
宮　崎　県	65.2	64.1	63.9	61.5	63.0
全　　国	69.2	70.3	70.0	69.0	69.3

出典：「県民経済計算」

[図表96] 最低賃金の推移（単位：円、%）

区　分	平成25年度	平成26年度	平成27年度	平成28年度	平成29年度
宮崎県（全国ランク）	664（D）	677（D）	693（D）	714（D）	737（D）
全　　国	764	780	798	823	848
東　京　都	869	888	907	932	958
宮崎/東京	76.4	76.2	76.4	76.6	76.9

出典：厚生労働省

3-9-❷ 「働く人」の所得はあがらない一方、企業の内部留保はあがっている

[図表97] 企業の内部留保の推移（単位：兆円）（金融・保険業を除く）

区　分	平成24年度	平成25年度	平成26年度	平成27年度	平成28年度
当期純利益	23.8	37.6	41.3	41.8	49.7
利益剰余金（内部留保）	304.5	327.9	354.4	377.9	406.2

出典：「法人企業統計」（財務省）

示す売上高経常利益率も高い傾向がある」としています。企業経営者の方々の、「いい会社」をめざしての良い意味での覚悟・矜持を期待したいと思います。

　以上のような取り組みによって、県民所得の向上を図り、従来型でない、賢い消費や投資に結び付けていき、そのことがさらに、県内生産の増につながっていく、このような経済の好循環サイクルを構築していくことが大切だと考えます。

第10節 資金の流出を抑え、還流を図る
── もうひとつの県際収支

1. 資金の流出

●仕送りによる資金移動

前著では触れなかった資金の流出、流入について考えます。

最終的に配分された県民所得は、一部は税金として徴収され政府最終消費支出や公的総固定資本形成の財源に、一部は貯蓄され間接融資の財源に、また一部は、衣食住、教養娯楽などの民間最終消費や住宅等への投資の財源となり、さらに一部は、大学生等への仕送りの財源となります。

「人口早わかり」によれば、高校卒業後県外の大学・短大等に進学する生徒の数は、平成19年から平成28年までの10年間の平均で3,580人となっています。大学生の教育費等の総額は、民間の金融機関や保険会社の調査によると、図表98、図表99のとおり、教育費が国立大学で511万円、私立文系で

3-10-❶　年間160 ～ 200億円の仕送り資金が県外に流出している

[図表98]　大学生の教育費総額（万円）

	入学費用	在学費用	合計
国　立（4年）	83.2	428	511.2
私立短大（2年）	78.2	284.4	362.6
私立文系（4年）	104.3	588	692.3
私立理系（4年）	109.9	677.6	787.5

※在学費用とは、授業料、通学費、教科書代などの学校教育費とおけいこごとなどの家庭教育費を合計したものを指す。
出所：株式会社日本政策金融公庫「教育費負担の実態調査結果（平成26年度）」
出典：「ベネッセ教育情報サイト」

[図表99]　出産から大学までにかかる費用

出産・育児費用	約91万円
子どもの食費	約671万円
子どもの衣料費	約141万円
子どもの保健医療・理美容費	約193万円
子どものおこづかい額	約451万円
子どもの私的所有物代	約93万円
合　計	約1,640万円

出所：AIU保険「AIUの現代子育て経済考2005」
出典：「ベネッセ教育情報サイト」

692万円、また、生後から22歳までの養育費が1,640万円となっています。

　大学生の場合、食費、下宿代、クラブ活動費など生活に要する経費が他の年代よりも多くかかると見込まれる、その養育費は年間当たり100万円はくだらないと考えられます。したがって、県外へ進学した大学生の１人当たりの教育費と養育費の合計は年間当たり230万〜280万円と見込まれます。これらの半分を仕送りで賄うと仮定した場合、１年間で160億〜200億円が仕送り資金として県外に流出していることになります。これらの資金は、流出先の都道府県の民間最終消費支出として計上されることになります。

●相続による資金移動

　本県は戦後まもなくから、大阪圏、名古屋圏、東京圏など都市部への人材供給県となってきました。この結果、地元新聞によれば、「フィデリティ退職・投資研究所の調査によると、地方銀行・第二地方銀行に預けられた資産の６割近くが、相続時に都市銀行やゆうちょ銀行といった別の金融機関に移されていたことがわかったとし、さらに本県の場合、宮崎銀行、宮崎太陽銀行とも全体の預金残高は伸びているが、今後の人口減少などを考えると相続時の預金流出は看過できない問題と言える」（平成29年6月15日付け宮崎日日新聞）と警鐘を鳴らしています。

　相続人5,000人を対象にした同調査によると、相続資金の県内歩留まり率は沖縄県が85.7％と最も高く、本県は75.5％で12位となっています。また、「業態内歩留まり率は都市銀行（75.5%）、大手証券（68.6%）、ゆうちょ銀行（63.6%）の順で高く、信用金庫・信用組合（37.6%）、地方銀行・第二地方銀行（42.4%）と低い。業態内歩留まり率の低い２業態は、ともに都市銀行とゆうちょ銀行に流出」。「相続人が相続資産を保有する金融機関を選んだ理由」としては、「以前から自分が利用していた金融機関だった」が最も高く、「被相続人との友好な関係をいかに相続人にまで広げることができるかが大きな課題」（以上、同新聞）としています。

　これまで再三確認したように若者流出の勢いはとどまらず、今後さらに少子化が進んでいきますと相続による資金流出は深刻な問題になりかねません。

3-10-❷　ふるさと納税は資金還流ばかりか、売り込みの原動力にも。

[図表100]　ふるさと納税の受入額等の推移（金額の単位：千円）

団 体 名	平成20年度 金額	件数	平成23年度 金額	件数	平成26年度 金額	件数	平成27年度 金額	件数	平成28年度 金額	件数
宮 崎 県	8,787	36	9,894	61	3,200	33	104,149	1,887	97,382	1,843
宮 崎 市	818	11	666	9	902	25	81,522	1,423	406,279	10,685
都 城 市	3,226	22	3,338	39	499,823	28,653	4,231,234	288,338	7,333,161	528,242
延 岡 市	2,212	13	1,840	20	1,403	20	62,029	2,660	62,399	2,551
日 南 市	4,216	22	9,450	29	12,271	54	348,250	26,745	306,883	19,732
小 林 市	4,002	64	1,574	65	130,764	6,339	666,971	23,052	1,055,462	29,930
日 向 市	525	14	930	16	248,060	15,478	517,278	30,056	282,231	15,340
串 間 市	460	34	488	7	3,807	90	28,722	840	408,543	33,764
西 都 市	1,515	38	1,590	39	17,643	876	494,219	30,578	765,650	23,884
えびの市	2,725	21	4,349	44	4,529	101	82,852	2,704	580,662	24,875
三 股 町	400	0	10,080	4	143,953	5,672	193,126	9,366	114,970	3,768
高 原 町	300	5	1,260	5	63,653	4,376	303,020	28,571	328,764	30,652
国 富 町	0	0	1,353	11	2,555	41	19,145	1,419	64,125	3,495
綾 　 町	3,139	170	8,625	742	943,958	62,991	1,380,341	84,949	997,518	63,118
高 鍋 町	1,200	9	1,560	10	3,270	19	22,164	1,289	578,541	37,886
新 富 町	210	5	577	15	560	25	22,737	1,108	422,760	28,864
西米良村	125	3	590	3	610	5	475	11	530	12
木 城 町	245	11	60	2	102	8	363,992	4,732	382,512	12,364
川 南 町	0	0	1,354	6	169,621	11,299	575,997	35,370	1,126,416	81,491
都 農 町	346	11	288	17	3,880	202	703,388	36,862	5,008,695	257,268
門 川 町	610	25	681	49	1,480	59	5,629	103	12,816	528
諸 塚 村	0	0	20	1	580	5	3,640	154	27,857	1,239
椎 葉 村	480	6	460	10	650	30	23,303	1,020	18,665	753
美 郷 町	0	0	0	0	1,990	8	1,775	63	11,710	1,487
高千穂町	206	6	207	2	42,139	1,829	85,753	4,925	175,808	10,266
日之影町	1,030	11	523	12	975	12	5,400	23	19,210	1,020
五ヶ瀬町	3,760	8	20	1	1,470	13	1,030	14	12,772	344
市町村合計	31,750	509	51,884	1,158	2,300,678	138,230	10,223,992	616,375	20,504,939	1,223,558
合 　 計	40,537	545	61,778	1,219	2,303,878	138,263	10,328,141	618,262	20,602,321	1,225,401

２．資金の還流

●ふるさと納税制度

　次は資金の還流について考えます。平成20年度に創設されたふるさと納税制度による全国の受入額は、平成26年度の389億円から平成27年度1,653億円へと急増し、平成28年度は2,844億円となっています。本県の状況は、図表

[図表101] ふるさと納税の都道府県別収支（単位：百万円）

	受入額	控除額	収支	
北海道	27,124	4,037	23,087	①
青森県	2,015	460	1,555	
岩手県	3,040	538	2,502	
宮城県	2,160	1,868	292	
秋田県	1,650	334	1,316	
山形県	22,533	549	21,984	②
福島県	1,709	994	715	
茨城県	7,325	2,405	4,920	
栃木県	1,419	1,535	-116	
群馬県	4,869	1,709	3,160	
埼玉県	2,626	9,469	-6,843	㊸
千葉県	6,419	9,795	-3,376	㊷
東京都	871	46,621	-45,750	㊼
神奈川県	4,970	18,761	-13,791	㊻
新潟県	4,337	1,209	3,128	
富山県	533	581	-48	
石川県	1,728	868	860	
福井県	1,269	467	802	
山梨県	2,678	634	2,044	
長野県	19,001	1,395	17,606	④
岐阜県	5,215	2,141	3,074	
静岡県	17,636	3,519	14,117	⑥
愛知県	4,098	12,847	-8,749	㊺
三重県	3,156	1,878	1,278	
滋賀県	3,037	1,797	1,240	
京都府	1,197	3,990	-2,793	㊶

	受入額	控除額	収支	
大阪府	7,331	15,078	-7,747	㊹
兵庫県	6,730	9,419	-2,689	㊵
奈良県	933	2,113	-1,180	
和歌山県	3,633	825	2,808	
鳥取県	3,540	304	3,236	
島根県	3,440	302	3,138	
岡山県	6,325	1,711	4,614	
広島県	1,979	2,763	-784	
山口県	1,663	909	754	
徳島県	602	543	59	
香川県	2,139	838	1,301	
愛媛県	2,459	920	1,539	
高知県	7,437	352	7,085	⑩
福岡県	9,528	5,304	4,224	
佐賀県	17,763	511	17,252	⑤
長崎県	8,317	804	7,513	⑧
熊本県	8,047	823	7,224	⑨
大分県	4,164	659	3,505	
宮崎県	20,602	557	20,045	③
鹿児島県	13,501	826	12,675	⑦
沖縄県	1,664	701	963	
合計	284,409	176,664		

注 ：○内の数字は全国順位
出典：図表100は総務省ＨＰより。
　　　図表101は総務省資料に基づき筆者作成

100のとおり、平成26年度に23億円と増加し、平成27年度103億円、平成28年度206億円と急増しています。また、都道府県別の収支を見ると図表101のとおり、本県は全国でも黒字幅の大きい県となっています。

　同制度は、流出額の大きい都市部などから批判的な声もありますが、戦後から人材を供給し続けている地方においては極めて意義のある制度であり、農産物などの返礼品とセットで考えることで「売り込む」原動力ともなっています。

●クラウドファンディング

　近年、SNSの普及に伴い、クラウドファンディングが注目を浴びています。クラウドファンディングとは、「『こんなモノやサービスを作りたい』『世の中の問題を、こんなふうに解決したい』といったアイデアやプロジェクトを持つ起案者が、専用のインターネットサイトを通じて、世の中に呼びかけ共感した人から広く資金を集める方法」（朝日新聞A-port）です。

　運営会社やプロジェクトの数も増えているようです。資金の動きを県際の観点から調査したものはありませんが、個人や企業のアイデアに賛同する人々などから広く資金を集めるということで、県外から資金を流入させる可能性があります。

●地方交付税制度

　次は、資金の還流について考えます。地方交付税交付金制度によって、平成27年度は、県（1,834億9,500万円）、市町村（1,482億2,200万円）　併せて3,317億円が国から交付され、政府最終消費支出や公的総固定資本形成の財源となっています。

　地方交付税制度は、国税収納整理基金に集められた所得税や法人税、消費税、酒・たばこ税の一定割合を原資として地方に配布することから、あたかも「国から地方に交付」されるかのようにとらえられがちですが、税源の地方間偏在を解消し、ナショナルミニマムを達成するために創設された地方固有の財源であることを認識する必要があります。経済活動循環からくる都道府県間の資金移動とは性格を異にします。

# 地域ブランドへの取り組みと本社機能
—— 真の地方創生へ ——

1. 地域ブランドの構築のために

　最後が、相互連関図には描いていませんが、宮崎という地域ブランドをいかに作り上げ、その存在感を高めていくかということです。

　「地域ブランド実践者必携　GUIDEBOOK」（九州経済産業局）によると、地域ブランドとは、「商品の品質をはじめ、他の地域にはない独自性、こだわり、地域自体に感じる魅力、歴史・文化など様々な要素を活かしたもの」であり、地域ブランド化に取り組むことによって、「農産物や加工品などの地域の商品が高く売れ、産業振興や雇用創出につながり」「その過程で地域の知名度やイメージの向上が期待され、結果として、地域の活性化につながる」としています。

　地方創生は地方の1丁目1番地の政策ですが、地方間に大競争をもたらす側面があります。「地方創生には、自治体の格差が拡大するという非情な側面があることを脳裏に刻んでおいたほうがよい」（時事通信田崎論説委員）という意見もあります。表向きは、「九州はひとつ」と言いながら、水面下では熾烈な競争をしている場面も多々あります。

　大競争時代を生き抜くためには、本社機能とも関係しますが、地域の歴史や文化に裏打ちされた地域の魅力といったものを土台にして宮崎ブランドをいかに構築し・維持していくか、今、ここ宮崎県に住んでいる県民だけでなく宮崎を愛する国内外の人々みんなに関わる問題だと考えます。

　前著ではいくつかの提案をさせていただきましたが、最も強調したいのが人的ネットワークによる地域ブランドの形成です。そこで思うのが、県人会の役割です。国内では、北海道の札幌、千歳、関東の千葉、在京、東海、京都、近畿、兵庫、広島、福岡などに16の県人会があります。県人会だけでな

3-11-① 人のつながりは地域ブランド構築の源泉

[図表102]　海外の宮崎県人会一覧

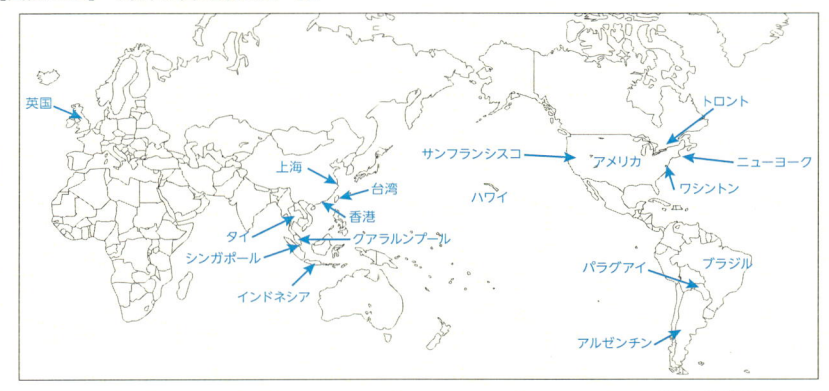

出典：宮崎県ＨＰより

く、市町村の会や、大学、高校の同窓会もたくさんあります。海外では、ブラジルをはじめ、ロサンゼルス、アルゼンチン、パラグアイ、上海、ロンドンなどに18の県人会があります。近い将来、これら県人会の世界連合組織ができることを望むものです。

　こうした全国・海外のネットワークを活用して、「置き換えたもの」を「売り込む」、「呼び込む」を足がかりにして宮崎ブランドを構築する一助になるのではないか、このように考えます。

　前著を読んで、ある方が筆者に一つの提案をされました。それは、「イメージカラーもいいが、徹底させるためには、行政機関の全てを同じ色に統一するくらいのことをしないと浸透しないのではないか。むしろ、今ある「県の旗、県旗」をあちこちにたなびかせる方が実現可能性が高いのではないか」というものでした。また、「駅伝や国体などのユニフォームも県旗をモチーフにしたデザインにしてはどうか」との提案でした。確かに、宮崎の県旗はよく目立つデザインだと思います。また、パソコンの「お気に入り」のブックマークをみますと、宮崎県のＨＰはすぐに見つけることができます。読者のみなさんはいかがでしょうか。

地方創生の行き着くところは、この宮崎ブランドの確立にあると言っても過言ではありません。また、この地域ブランドは、本社機能と結びつくことによってより一層の輝きを増すと考えられます。

2. 本社機能の充実 —— 移転・育成・創業支援

●本社機能の意義

　本社機能については、今回の地方創生において、大きなテーマとして取り扱われていますが、本県では、これまで、この本社機能というものを正面から見据えて議論されたことはありませんでした。本社機能の意義というものをもう一度考えて対策をとる必要があります。

　本県に立地している企業の形態を見ると、地場企業、県外企業の子会社、県外企業の工場・営業所に分けられます。地方公共団体の税収入を見ますと、図表103のとおり、本社であるか否かという立地形態による大きな差異はなく、役員の住所地、従業員数、事業所の面積などに左右されます。

　しかし、本社が本県に存在するということは、当該企業の「意思決定、研究・開発、調査及び製造、営業、教育訓練、流通等の経営活動全般にわたる中枢管理機能が集積」することになり、「本社の存在は、経済活力の象徴であり、単に事業所が当該地域に立地している以上の効果がある」（「企業本社の地方分散による地域・企業の競争力強化」〈鈴木英俊〉より）とされています。

　このような中、病院の病室に置いてある患者用テレビの視聴用カード読み取り機において国内シェア約40％を占めている三和ニューテック㈱（宮崎市）は、約130名の従業員の8割が本県出身者で占められていることから名実ともに地域貢献したいとの思いで、平成25年12月に本社を大阪市から宮崎市に移転しました。また、電子部品の自動実装装置（シリコンウエハーやフラット・パネル・ディスプレイの基板などの搬送にも使われます）に組み込まれている小型真空ポンプの分野では世界有数の専門メーカーであるアルバック機工㈱（西都市）は、平成19年9月に、製造拠点の集約化を機に横浜市から西都市に本社を移転しました。

3-11-❷　本社立地は税収入上は大きな差異はないが……

[図表103]　企業立地の３つの類型とその意義

区　　分	地場企業	県外企業の子会社	県外企業の工場等
法人税（国）	所轄税務署に納付	同左	同左
法人事業税（県）	所轄県税事務所に納付	同左	同左
法人住民税（県市）	所轄市町村に納付	同左	同左
固定資産税（市）	所在市町村に納付	同左	同左
役員の所得税（国）	国に納付	同左	同左
役員の住民税（県市）	住民票所在市町村に納付	同左（他県の場合が多い）	同左（他県の場合が多い）
従業員の所得税（国）	国に納付	同左	同左
従業員の住民税（県市）	住民票所在市町村に納付	同左	同左

出典：各種資料により筆者作成

3-11-❸　評価される本社機能の本県への移転事例

[図表104]　三和ニューテック（株）

1970 年 4 月　誘致企業として宮崎郡清武町（現宮崎市）に宮崎三和電機㈱を設立
1984 年 3 月　社名を三和ニューテック㈱に変更
1986 年 8 月　本社を大阪市西区に移す
2013 年12月　本社を宮崎市清武町に移転

カードリーダー
ライター事業

病室内テレビなどの
カード読み取り機
国内シェア 40％

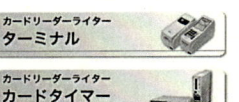

応用機器
事　業　　　EMS事業

[図表105]　アルバック機工㈱

1971 年 7 月　神奈川県横浜市に、真空機工㈱を設立
1996 年 1 月　宮崎工場開設
2001 年 4 月　アルバック機工㈱に改称
2007 年 9 月　本社を宮崎県西都市に移転

地域貢献
活動

環境
貢献活動

次世代育成
教育支援活動

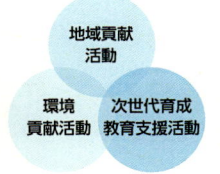

出典：いずれも両社のＨＰに基づき筆者作成

さらに、民間航空機部品であるCFRP（炭素繊維強化プラスチック）製カスケードの世界シェア90％超を有する日機装㈱は、本県への立地にあたって、所管する「（一財）一樹工業技術奨励会」の主たる事務所の登記を東京都渋谷区から宮崎市に移転しました。（当財団は、同社の創業者である故音桂二郎氏が、「天然資源の乏しいわが国にとって生産性を高めることが肝要であり、工業技術の振興をとおして国民生活の向上に寄与したい」という音申吉氏〈初代日機装株式会社社長〉の遺志と私財を引継ぎ、1962〈昭和37〉年11月に設立されたもので、「工業技術に関する研究等の助成を図ることにより、わが国の工業技術の進歩発展に資すること」をその目的としています〈同財団HPより〉）

本社機能・事務所機能の役割を考えたとき、大いに評価されるべき決断だと考えます。

●政府出先機関等

国等の公的機関の本社機能は、九州内では、北部の福岡県に立地する九州経済産業局、九州地方整備局、九州管区警察局、西側の熊本県に立地する九州財務局、九州農政局、九州森林管理局などがあります。本県における事例は筆者の知り得る限り、福岡高等裁判所宮崎支部（所管エリアは、大分県佐伯市、宮崎県全域、鹿児島県全域）と航空大学校のみです。立地に関わった当時の先人達の慧眼に感謝するばかりです。

このほか、広域的に活動を展開する公共交通機関で本県に本社を置いている会社は、宮崎空港を含む九州５県の空港と羽田空港を結ぶ㈱ソラシドエア、宮崎港と神戸港を海路で結ぶ宮崎カーフェリー㈱があります。両社とも設立の経緯等から本社を本県においています。

●地場企業育成

本社機能の充実という観点からは、大きな企業だけでなく、中小企業が宮崎で起業し、宮崎という地域に愛着と誇りを持ちこの地で発展することによって本社意識を持つことも重要な観点です。

どんなに大きな企業も最初は、中小企業・小規模企業からスタートしてい

ます。しかしながら、中小企業白書2016によると、「創業10年後には3割の企業が、20年後には約半数の企業が退出」しているのが現状です（同p418）。宮崎で起業した中小企業が地元にしっかりと根付き発展するためには、各支援機関がそれぞれの強みを生かし、かつ、相互に連携を図り足りないところを補いながら、事業の立ち上げから、新商品・新サービスの研究・開発、販路開拓、人材育成・確保などトータルに支援することが重要です。中小企業経営者には、各支援機関を大いに活用し、地元宮崎で発展されることを期待したいと思います。

●創業支援

宮崎県では、小規模企業の開業率が9.5％と全国で2番目に高くなっています。東京都、福岡県、大阪府、神奈川県、兵庫県、愛知県など大都市を上回る割合です（「中小企業白書2014」より）。では、起業が経済に与える影響をどのようにとらえたら良いのでしょうか。

中小企業白書はその意義を、①経済の新陳代謝と新規企業の高い成長力、②雇用の創出、③起業が生み出す社会の多様性、といった三つの観点からとらえています。

①については、「起業によって経済の新陳代謝が活発となり、革新的な技術等が市場に持ち込まれ、「企業の参入・撤退は、日々繰り返されており、こうした企業の参入・撤退こそが、産業構造の転換やイノベーション促進の原動力となり、経済成長を支えている」とし、特に、新しい技術や製品等を携えて市場に参入する起業家は、急速に成長する可能性を秘めている」とし、経済成長のエンジンとなる可能性を示しています。

②については、「2004～2006年に創出された雇用の約6割は、開業事業所で創出されており、「情報通信業や医療、福祉といった開業率の高い業種では、開業事業所における雇用創出が雇用増加に大きく寄与しているが、小売業や飲食店、宿泊業といった生業型の業種においても、開業事業所における雇用創出は重要な役割を果たしており、起業が雇用創出に重要な役割を果たしていることが分

144

かる」としています。

　③については、「起業が経済社会に与える効果として、多様な生き方・働き方を可能にするということも挙げられ」、「人は、様々な動機・目的で起業という選択をするが、単により良い収入を得るためだけではなく、自己実現、裁量労働、社会貢献、専門的な技術・知識等の活用ができる舞台を求めて、起業する者も多いであろう。また、起業家に現在の収入、仕事、生活に対する満足度を尋ねても、収入に関しては不満を感じる者の方が多いが、仕事及び生活に関しては、満足している者の方が多い。つまり、多くの起業家は、既存の環境では実現できなかった個性・能力の伸長の場を求めて、より良い生き方・働き方を実現するために、起業を選択しているといえよう。こうした起業家の活動は、経済成長等の数値には表れないものもあるが、社会をより多様で豊かにするものであるといえよう」（以上、『中小企業白書2011』より）と述べています。

　このような観点から、宮崎県では、「宮崎新ビジネス応援プラザ」を中小企業会館内に開設し、低価格でのインキュベーション施設の提供や専門家による相談・助言を行うなど個人起業家やベンチャー企業を支援しています。また、市町村においても、例えば、延岡市の「創業支援フロア」、日向市の「ひむか-Biz」、宮崎市の「みやざき創業サポート室」、日南市の「創客創人センター」、えびの市の「起業支援センター」、小林市の「TENOSSE（テノッセ）」など創業を積極的に促す取り組みを行っています。さらに、宮崎商工会議所が県の支援を受けて運営する「みやざきスタートアップセンター」、民間団体が運営する「宮崎スタートアップバレー」（ベンチャー企業や飲食店などの若手経営者6名で組織）、廃校跡地を活用しながら起業支援に取り組んでいる「MUKASA-HUB」（宮崎市内の飲食店経営者が宮崎市旧穂佐小学校跡地に設立した起業家の交流拠点）などがあります。

●女性起業家支援

　人口減少と人手不足が経済発展の足かせとなりつつある今日、女性起業家の輩出も大きな課題です。民間調査機関によると、図表106のとおり、2016

3-11-④　創業や女性起業家の支援活動は高まっている

[図表106]　女性社長数及び女性社長率の推移
（人、%）

区　分	2013年	2014年	2015年	2016年
宮崎県	2,118人 (10.0%)	2,266人 (10.5%)	2,367人 (10.7%)	2,525人 (10.9%)
全　国	11.1%	11.6%	11.8%	12.5%

出典：「東京商工リサーチ」
注　：女性社長率は企業数に占める女性社長の割合です。

[図表107]　「よろず女子会」の活動状況

出典：宮崎県産業振興機構提供

[図表108]　MUKASA-HUBと宮崎県産業振興機構との包括連携協定

出典：宮崎県よろず支援拠点
公式facebookより

　年の本県の女性社長は2,525人で、社長数全体に占める女性社長の割合は、10.9%と次第に高くなってきています。

　女性が起業を志す動機として中小企業白書は、「『社会に貢献できる分野』、『以前から興味のある分野』、『家事・育児・介護と仕事の両立が可能』と回答する割合が男性と比べて特に高い」（『中小企業白書2011』p198より）としています。また、「近年では、女性の起業希望者の割合が79年以降で最も高くなっているが、起業家における女性の割合は最も低くなっている。その理由として、男性に比べて女性が起業家になる際に、家庭との両立や社会経験の不足等、より多くの困難に直面し、起業を希望していても実際には起業に至らないことが考えられる」（『中小企業白書2014』p183）としています。しかしながら、「女性は、男性と比べて子育てや介護等、生活のニーズに根ざした『生活関連サービス業、娯楽業』、また、趣味や前職で特技等を生かした『教育・

学習支援業』等の分野での起業が多い」(同p184) ことや、小規模企業の開業率が全国でもトップクラスである本県の特徴を踏まえると、本県において今後女性の起業を支援・育成していくことは、極めて重要な課題と考えます。

　本県における女性起業家を支援する体制として、宮崎県よろず支援拠点の「よろず女子会」、地元銀行の「女性経営者の会」、宮崎県中小企業家同友会の「女性経営者クラブ」などがあります。

●連携による支援

　近年、大学と地方自治体、大学と中小企業支援機関、支援機関相互の連携の動きがよくみられるようになってきました。連携の動きが活発化しています。

●究極の本社機能

　最後に、前著でも触れましたが、本社機能の究極の取り組みとして、2つを挙げたいと思います。それは、(1) 道州制が現実のものとなった場合の「州都」を九州内の二重の格差を受けている宮崎に持ってくるべきだということ、(2) 普遍的存在としての皇室の「避寒地」を是非、「日向三代の地」宮崎にお願いしたい、ということです。「日向三代」とは、天孫ニニギノミコトから、ヤマサチヒコ、ウガヤフキアエズノミコトまでを言い、多くの神話が日向の地を舞台にくりひろげられています。

　具体的には前著をご参照いただきたいのですが、日本のふるさと宮崎にふさわしいプロジェクトだと思っています。宮崎に住むことがステータスとなるような取り組みの1つとして、今後の議論に大いに期待したいと思います。

中小企業の稼ぐ力を強くするためのポイント

　企業の存在意義は雇用を生み出し地域経済の発展に貢献することにあります。そのためには、利益を確保し、存続し続けることが求められます。また、経営者の最大の関心も企業の存続にあると考えられます。

　利益を出し続けるポイントは、売上げを上げていくか、コストを削減していくかの２つです。しかし、売上げを上げていくことでコストが上昇する場合もあれば、コストを削減することで売上げが落ちる場合もあります。そこのバランスが重要になってくるわけですが、その分岐点は、企業の業種・業態または成長段階などによって様々です。

　「売上げ向上」の観点からは、国内外に「売り込む」ため、既存商品のブラッシュアップや新商品の開発、衛生管理、デザイン、表示の適正化、商談会や展示会等の活用などが課題として挙げられます。また、国内外から人を「呼び込み」、商品やサービスを消費していただくためには、様々な環境整備が課題となり、企業の自助努力を前提としつつも、行政の果たす役割が大きくなってきます。

　「コスト削減」の観点からは、業務そのものの見直しや見える化をはじめ、機械化・ＩＴ化、輸送コストの低減などが課題となります。

　「売上げ向上」あるいは「コスト削減」のどちらを選択するにしても、会社の存在意義を示した経営理念をしっかりと打ち立て、財務分析やSWOT分析などにより会社を取り巻く現状を把握し、目標と現状とのギャップ（＝課題）をしっかりと認識することが大前提です。こうしたことを可能とするためにも、後述するとおり、経営者と従業員双方の「自己啓発」と「気づき」が重要となります。

　上記の課題に対応するためには、右図の「対応」欄に掲げた様々な方向が考えられます。

　本県には、約37,000社の中小企業があります（平成26年経済センサス）。抱える課題も千差万別です。本県中小企業の皆様には、最寄りの「支援機関」を積極的にご利用いただき、稼ぐ力を強くする取り組みに邁進されることを期待します。

売上アップ

利　益
原価　販管費
コスト削減

中小企業の稼ぐ力を強くするためのポイント

課題

売り込み
- 既存商品のブラッシュアップ
- 新商品の開発(技術・賞味期限、機械設備)
- 衛生管理、デザイン、表示、
- 国内販路開拓(求評会、商談会、展示会)
- 海外販路開拓(求評会、商談会、展示会、輸出・決済手続、環境整備~ハラール)

呼び込み
- 国内外(MICE、NTC、日本版CCRCなど)
- 環境整備(無線LAN、免税制度、決済システム、多言語対応、総合交通網など)
- もてなし

置き換える　　・実態把握、代替技術、内製化

コスト削減
- 業務見直し、見える化
- 機械化、IT化
- 輸送コスト低減

経営改善(経営理念、財務分析、SWOT分析、事業計画策定・実行・評価等)

人材確保(若者、女性、シニア、多能工化等)　**人材育成**　5S

対応の方向
- 試験研究
- 技術力向上
- 設備導入
- マーケティング
- 販促イベント
- マッチング
  - 商談会等
  - 共同受注
- 物流円滑化
  - eC
  - 交通基盤など
- 人材確保・育成
- 取り組みのPR

- 起業
- 事業承継

支援機関

1 宮崎県
- 関係部局
- 公設試験研究機関
  工業技術センター
  食品開発センター　など
2 市町村
- 関係部局
- 起業支援センター　など

3 国及び関係団体
- 経済産業局
- 中小機構
- ジェトロ　　　　など
4 中小企業団体
- 商工会議所・同連合会
- 商工会・同連合会
- 中小企業団体中央会

5 大学・高等専門学校
6 金融機関
- 地元金融機関
- 政府系金融機関
7 その他
- 中小企業診断士、税理士などの士業団体
- 労働団体
- 県産業振興機構 など

出典：筆者作成

第 4 章
人手不足と人材育成

急速に減少する人口は、経済の需要面や供給面に大きな影響を及ぼします。供給面では特に、深刻な人手不足となって現れています。人手不足の対応として、最も大切なことは、経営者、従業員双方向からの「自己啓発による気づき」に支えられた「いい会社」づくりをめざす取り組みです。

第1節 人手不足の時代、挑戦する県内中小企業

1. 人口減少の重圧 ── 人手不足の現状と対応

　人口減少は、需要の縮小と供給力の低下という需給両面への影響をもたらします。近年の急速な人口減少は、特に深刻な人手不足をもたらしつつあります。平成29年7月の県の調査では、調査対象企業640社のうち、70.1％の449社が人材が「かなり不足」「やや不足」していると回答しています。また、国の「中小企業・小規模事業者人手不足ガイドライン」（中小企業庁。この章において「ガイドライン」と言います）においても、経営上の不安要素として、「人材の不足、育成難」を挙げる企業が年々増えてきています。

　対応策として「ガイドライン」は、「人手不足を変革・成長のための機会と捉え直」し、「経営課題や業務を見つめ直す」「業務に対する生産性や求人像を見つめ直す」「人材募集や職場環境を見つめ直す」という3つの視点に立って取り組むことが重要であるとしています。考えられる具体的な対応策としては、①機械化・IT化、②離職率の抑制（「良い会社」づくり）、③多能工化、④女性活躍推進、⑤シニアの活用、⑥副業の促進、⑦外国人材活用、⑧円滑な事業承継、⑨専門職大学による人材育成、などが挙げられます。

2. 県内中小企業の取り組み事例

● IT化の推進

　IT化の取り組みについては、経済産業省が「攻めのIT経営中小企業百選」として、顕彰制度を設けています。本県ではこれまで2社が受賞しています。

　まず、平成28年度受賞の㈱教育情報サービス（宮崎市）は、「印刷ベースの教材提供等の事業を行っていたところ、ITの進展に伴う印刷物の需要縮小に対応するため、eラーニング等デジタル教材の開発販売に着手」。開発し

た学習ソフト「ThinkBoard」は、「元となるコンテンツに音声と手描き描写を加える形で動画教材を作成し、どこでも繰り返し再生して利用できる手軽さと、システム運用の面でも負荷の掛けられない脆弱な通信環境にも対応できる点を特徴」とし、「海外でも活用が可能」であることから、バングラデシュ、ミャンマーなど海外も視野に入れた事業展開を行っています。

　国内トップレベルの溶接技術を持つ㈱池上鉄工所（延岡市）は、「既存の業務システムとエクセルベースの分析ツールとのデータ連携を図り、案件ごとの採算評価を行い、また経営シミュレーションにより、より的確な資源配分に役立て」、同時に、「これらのデータを全員で共有することで、社員の意識改革にも繋げ、本業での営業利益は直近４年連続黒字によりＶ字回復を実現した」（以上、経済産業省資料から抜粋）などの理由により、平成29年度に選定されました。

　また、同社は、製品の仕様が毎回異なる多品種少量の受注生産型製造業です。このため、業務が多岐にわたると同時に限られた人員の有効活用の観点から、技術の「見える化」によるスキルマップを作成し、特定技術の深掘りだけなく、複数の業務をあらゆる職人が行えるように「多能工化」にも取り組んでいます。今後はさらに、培った技術をベテランから若手への技能継承の手段の１つとしてＩＴを駆使して〝強い現場・強い組織〟づくりを進めることとしています。

　また、中小企業のＩＴ化を進めるため経済産業省は、その導入のための補助制度を創設しており、積極的な活用が望まれます。

●「従業員満足度」を高める

　「良い会社」として、宮崎県企業成長促進プラットフォーム事務局の松尾靖彦プロジェクトチーフマネージャーは、次の３条件を上げています。１つは、顧客満足度（CS ～お客様に満足いただける商品・サービスの提供）。２つは、従業員満足度（ES ～従業員が夢や希望を持って働けるか）。３つは、社会満足度（SS ～社会のルールを守り、社会から受け入れられる〈喜ばれる〉会社）。これらは、会社が成長発展し、社会に有益なものとして存続し続けるための条件です

4-1-① 宮崎県内でも「良い会社」づくりへの挑戦がつづいている

[図表109]　本県のグッドカンパニー受賞企業

受賞年度	種　別	企　業　名	事業内容
平成２年	地区表彰	㈱日東	檜フローリング製造・製材
平成３年	全国表彰	㈱ブンリ	研削切削液濾過装置製造
平成４年	地区表彰	霧島酒造㈱	本格焼酎製造
平成21年	優秀企業賞	㈱サニー・シーリング	特殊印刷
平成25年	優秀企業賞	㈱ニチワ	自動車用溶接ナット、自動車用冷間圧造部品、切削加工部品及び小物プレス部品の製造販売
平成29年	優秀企業賞	㈱黒木本店	焼酎製造

出典：（公社）中小企業研究センターＨＰより

　が、従業員の満足度がなければお客様にも十分な価値は提供できません。従業員満足度を高めることは「良い会社」作りの条件であると同時に良い人材を確保するための条件ともなりえるものです。

　（公社）中小企業研究センターは、「全国の中小企業の中から、経済的、社会的にすぐれた成果をあげている企業」を「グッドカンパニー」として顕彰しています。本県ではこれまで**図表109**のとおり６社、全国では663社が受賞しています。

　その中で、平成25年度に受賞した金属製品製造業の㈱ニチワ（日南市）は、自動車用溶接ナットにおいては国内シェアのトップを誇っていますが、平成19年から平成29年までの350万時間、労働災害ゼロを達成し、「第２種無災害記録証」を授与されたほか、社員同士のコミュニケーションを高めるため、球技大会や夏祭り、年末の餅つきや門松づくり、150名に及ぶ忘年会などを開催することによって従業員の一体感を醸成する取り組みを行っています（以上、宮崎日日新聞と同社ヒアリングに基づき作成）。

　また、㈱共立電機製作所及び㈱共立電照（両社とも宮崎市）は、国が実施している「子ども・子育て支援新制度」において宮崎県内初の認定を受け、「企業主導型保育所」（さんこうこどもえん）を設置し、仕事と子育ての両立支援をめざしているほか、有給休暇とは別に、従業員の誕生日や結婚記念日を特別休暇として付与する、さらには、社員全員の地元新聞の購読費用を会社

が負担するなど従業員の満足度向上に向けて福利厚生制度の充実に積極的に取り組んでいます。（両社「Company Profile」より）

●女性・シニア活躍推進

　女性活躍推進については、道路用コンクリート用砕石や建設機械・資材の運搬を業とする矢野運輸㈱（宮崎市）は、ダンプカー運転士として、昭和62年7月にいち早く女性の採用に踏み切り、「4〜6カ月の社内研修や実地訓練を経て現場に配属。更衣室やトイレなど社内設備も整えた」（「矢野産業㈱50年史」より）とあります。現在も、女性ドライバーならではの明るさ、きめ細やかさなどを活かしながら、砕石運搬などの現場で活躍しています。

　また、国内外に約2,500体の着ぐるみを製造販売しているKIGURUMI.BIZ㈱（宮崎市）は、従業員のほぼ全員が女性です。以前は、残業時には夕食を惣菜に頼らざるを得ない場合があったところ、ある日の「惣菜残業は嫌だ」という従業員の一言から残業ゼロをめざす取り組みが始まりました。試行錯誤の末、「息が切れるほどの集中力」によって次第に残業は減り、有給休暇も100％取得。その結果、経常利益は大幅にアップ。現在は、女性のライフステージに対応した多様な働き方を実現しているほか、同社社長は、宮崎県女性活躍推進会議の共同代表を務めておられます。なお、このような取り組みが認められ、同社は、平成30年3月、ダイバーシティ推進を経営成果に結びつけている企業の先進的な取組を広く紹介する「新・ダイバーシティ経営企業100選」（経済産業省）に選定されました。

　シニア活用については、平成28年版高齢者社会白書（内閣府）によると、「60歳以上の高齢者に何歳ごろまで収入を伴う仕事をしたいか聞いたところ、『働けるうちはいつまでも』が28.9％と最も多く、次いで『65歳くらいまで』『70歳くらいまで』がともに16.6％となっており、就労を希望する高齢者の割合は71.9％」となっています。また、「全産業の雇用者数の推移をみると、平成27（2015）年時点で60〜64歳の雇用者は438万人、65歳以上の雇用者は458万人となっており、65歳以上が60〜64歳を初めて上回った」とあるように、高齢者の働く意欲は高いものがあります。その意欲と現実に即

した職場環境とのマッチングを進めることで人材不足への対応を図ることができます。

●兼業・副業の促進

　副業については、平成29年3月に、兼業・副業を積極的にとらえる提言が国によってなされました。「兼業・副業を通じた創業・新事業創出に関する調査事業研究会提言〜パラレルキャリア・ジャパンを目指して〜」（中小企業庁経営支援部創業・新事業促進課　経済産業政策局産業人材政策室）です。ここでは、兼業・副業を2つの視点からとらえなおしています。1つは、兼業・副業を通じた創業・新事業創出社会を実現すること、もう1つは、兼業・副業を通じて、柔軟な働き方を実現していく「働き方改革」です。そして、同報告書は、労使双方から見たメリット・デメリットを図表110のように整理しています。

　同報告書はまた、兼業・副業に積極的に取り組んでいる企業として、サイボウズ㈱と㈱クラウドワークスを紹介しています。両社とも、「会社の資産を毀損する可能性のある場合を除き」、あるいは、「公序良俗に反しない」「社名・サービス名・秘密情報を用いない」など一定のルールのもと、全社員を対象に、兼業・副業を認めているとしています。

　本県においても、ECサイト・WEBマーケティング等を行う㈱アラタナ（宮崎市）が、新卒給与の大幅なアップに加えて、「働き方改革」の一環とし

4-1-❷　新しい働き方の模索も始まっている

[図表110]　兼業・副業のメリット、デメリット

	メリット	デメリット
使用者側	・人材育成 ・優秀な人材の獲得・流出防止 ・新たな知識・顧客・経営資源の獲得	・本業への支障 ・人材流出等 ・従業員の健康配慮 ・情報漏えい等様々なリクス管理
労働者側	・所得増加 ・自身の能力・キャリア選択肢の拡大 ・自己実現の追求・幸福感の向上 ・創業に向けた準備期間の確保	・就業時間の増加による本業への支障等 ・本業・副業間でのタスク管理の困難さ

出典：「兼業・副業を通じた創業・新事業創出に関する調査事業研究会提言」より

て厚生労働省が平成28年12月に打ち出した副業を原則容認とする方針を受けて、「副業（パラレルワーク）の解禁」を発表しました。具体的には、「社外のプロジェクトに個人事業主として参加する、あるいは自ら法人を設立しサービスを開発するなど、本業に還元できる副業を公式に許可し、社外でも通用するより市場価値の高い人材の育成を目指す」としています（平成29年8月2日同社プレス発表資料より）。

●外国人材活用

　本県における外国人材の活用については、平成28年10月末現在で、高度人材251人、技能実習1,704人、留学生等の資格外活動249人、EPA等に基づく特定活動3人、身分に基づき在留するもの395人となっています。

　「ＩＴ化の推進」で紹介した㈱教育情報サービスは、「世界のどこでも誰でも教育を受け、教育を発信できるシステムを創る」を理念に掲げ、国際協力機構（JICA）の事業等を積極的に活用し、バングラデシュ、フィリピン、ケニアなどでeラーニングの構築・普及を図ってきました。こうした海外展開にあたっては、アサヌラ大学卒業者などバングラデシュ人2人を「高度人材」として採用し、日本人スタッフとともに、その構築・普及はもとより、発展途上国の教育環境の改善を支援しています。

　また、県内の中小製造業においては、特に現場のワーカーを求める声もあることから技能実習制度の拡充が求められるところです。

●専門職大学による人材育成

　専門職大学については、平成29年6月、経済団体が宮崎県にその設置を提言する意見書を提出しました。意見書では、「本県経済を将来的に支える中核的な職業人材の確保、人口流出抑制、ひいては地方創生の実効性を高めるべく、専門職大学の宮崎県内への設置を強く要望」するとしています。人手不足が顕在化する一方で、少子化のなかでの県外進学者、県外就職者の実態を踏まえたときに、県がどういう判断を行うのか注目されるところです。

3．事業承継の問題

　人手不足は、会社経営にも深刻な影響を及ぼしつつあります。事業承継の問題です。中小企業白書（2017年版）によると、全国の中小企業・小規模企業数は、平成21年から平成26年までの5年間で約421万者から約382万者へと約39万者減少しています。本県においても同じ期間で、39,926者から36,909者へと約3,000者減少しています。また、「今後10年の間に、70歳（平均引退年齢）を超える中小企業・小規模事業者の経営者は約245万人となり、うち約半数の127万（日本企業全体の約3割）が後継者未定」であり、「現状を放置すると中小企業廃業の急増により、2025年頃までの10年間累計で約650万人の雇用、約22兆円のGDPが失われる可能性」（「中小企業・小規模事業者の生産性向上について」（平成29年10月　経済産業省））があるとされています。

　一方、平成29年9～10月に県が行った事業承継に関するアンケート調査では、回答があった1,302社のうち26.6％が廃業・解散予定としており、今後の本県経済の活力を維持していく上での課題となっています。こうしたことから、宮崎商工会議所では、事業引継ぎ支援センターを設置し、専門相談員等による助言、情報提供、マッチング支援の仲介等を実施するとともに、平成30年5月には、関係機関から構成される「事業承継ネットワーク」を構築し、支援が必要な企業の掘り起こしから専門家による高度な支援に至るまで、切れ目のない支援を行うことにしています。

　近年の人手不足は、景気上昇による一時的なものというよりも少子化や県外流出による若者層など働き手の絶対数の減少という構造的な要因にあると考えられます。需要面よりも供給面により早く影響が現れてきているように考えられます。今後様々な角度から真剣に対応すべき重要な課題です。

第2節 いまこそ、「いい会社」づくりを
—— 人材育成こそ、企業の、地域の命運を決める

1. 「いい会社」は「人材」を「人財」に育てる

● 1人の人生の生涯賃金２億円

　「人は最大の資産である」（ドラッカー）とは、あまりにも有名な言葉です。

　では、実際に金銭的価値にしてどうなのか、労働者の生涯賃金を労働政策研究・研修機構の資料に基づき確認してみます。これによると、図表111のとおり、平成27年で、大学卒男性が２億7,000万円と最も高く、次いで、大学卒女性の２億1,670万円、高専・短大卒男性の２億1,450万円、高校卒男性が２億730万円などとなっています。宮崎県の場合は、県民所得が全国平均のおおむね８割程度となっていますので、生涯賃金も全国平均の８割程度と考えて差し支えないと思います。

　大学の新規卒業者を採用するということは、２億数千万円の買いものをするというに等しいことになります。高額な五面加工機が１台当たり数千万円

4-2-①　１人の人生を預かるとは２億円の投資をすること

［図表111］　生涯賃金（2015年）

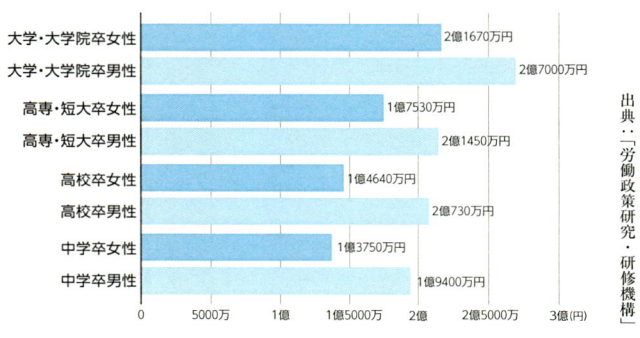

出典：「労働政策研究・研修機構」

159

から1億円程度なので、いかに高い買いものかお判りでしょう。

●「人財」として育てあげた会社のみが発展・成長する

　しかし、先のドラッカーの言葉はもちろん金銭的なことを言っているのではありません。会社をはじめ組織というものの命運を左右する最も重要な経営資源が「人」だということです。

　「人材活用5段階説」というのがあります。「じんざい」をその働きによって、「人財」、「人材」、「人在」、「人罪」、「人済」の5種類の言葉に言い換えたものです。「人財」が組織・会社にとって最も価値ある人のこと、「人材」は一般に言われる普通の人のこと、「人在」はそこにいるだけの人のこと、「人罪」は組織・会社に害を及ぼす人のこと、「人済」は役割の終わった人のこと、をいうということです。

　採用した人材を、金銭的価値を超える「人財」に育て上げるために何をなすべきか、経営者に課せられた重要な責務です。これまで数多くの啓蒙書・啓発書が上梓されてきました。専門家によるセミナーも枚挙にいとまがありません。真に「人財」として育て上げた組織・会社のみが成長し発展し続けるのではないかと思います。

　このように考えるとき、平成30年の幕開けに、私は、僥倖とも言える出会いに巡り合いました。「ひなたマネージメントスクール（注1）」において霧島ホールディングス㈱の江夏拓三専務の特別講演を、「盛和塾宮崎（注2）」において日本航空㈱の藤田直志副社長の講演を、「宮崎県中小企業家同友会新春経営交流会」において大里綜合管理㈱の野老真理子社長の話を、それぞれ聞く機会に恵まれました。これらの講話に共通することは、「いい会社をめざす取り組み」に収斂されるといえます。

「創造開発型企業」にしていく基盤は経営者の人間力にある

［図表112］ 「いい会社」とは

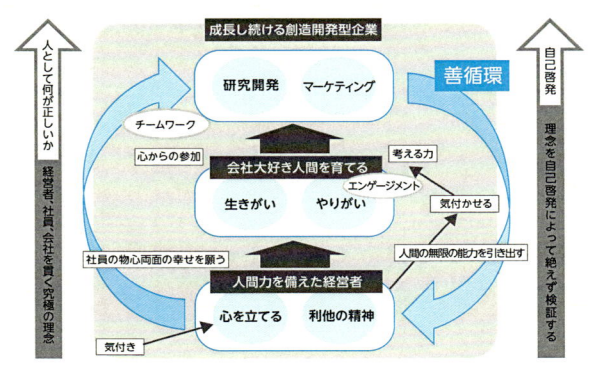

出典：各種講演会等を踏まえ、筆者作成

●いい会社とは

　「いい会社」とは何か、前述の松尾靖彦氏や上記三人の講話、さらには「いい会社」の事例として放送大学で紹介されている伊那食品工業㈱の塚越会長のインタビューなどから、図表112のような形でまとめてみました。

　「いい会社」とは、①マーケティングをしっかり行い、時代や実需者のニーズをつかむ。②そのニーズを踏まえた新しい商品やサービスを考え、開発する。③そして市場に投入し、お客様の心をつかみ、お客様に喜ばれる。このサイクルが回り続け、成長し続ける「創造開発型企業」が「いい会社」の条件です。

　そのためには、考える力を備え、心から会社の発展に貢献できる「会社大好き人間」を育てなければなりません。ではどうすればこのような社員が育つのでしょうか。

　答えは、経営者次第ということになります。経営者が、社員の物心両面の幸せを願い、社員の無限の能力を引き出すことで、「気づき」が芽生え、やりがいと生きがいを持った社員が生まれ、会社を「愛する心」「考える力」が生まれます。「労働市場を制するものが事業を制す」(竹井淳一・㈱SUSUME

代表取締役）時代です。経営者の全人格（人間力）をもって社員を感化させることが必要です。意識が変われば行動が変わります。

●経営者の気づき

そうした「人間力」を備えた経営者になるためには、まずは、経営者自らが、他の誰よりも強い思いもつ（「心を立てる」）ことから始めなければなりません。その思いは決して利己であってはならず、利他の精神に裏打ちされたものである必要があります。「人材育成」とは、詰まるところ、経営者の心のありように左右されるということです。

「人が集まらない」と嘆く前に、経営者がやるべきコトは、「人の何十倍もの強い思い」を抱いて、理想に向けての「心を立てる」ことです。このことが、社員を感化し、ひいては「会社大好き人間」となり、成長し続ける企業となる、このような循環に、経営者がまずは「気づく」ことです。

そして、経営者、社員、会社を貫く判断基準が「人として何が正しいか」という究極の理念です。人は、時として怠惰な生き物の本性を現すことがあります。自己啓発によって絶えず検証していく姿勢が求められます。

2.　人材育成は地域の自覚があってこそ

●県民性について

折しも今年は、明治150年です。政府は、平成28年11月、内閣官房副長官を議長とする「『明治150年』関連施策各府省連絡会議」を設け、①明治以降の歩みを次世代に遺す施策②明治の精神に学び、さらに飛躍する国へ向けた施策③明治150年に向けた機運を高めていく施策の3つの柱からなる「明治150年」関連施策を、地方公共団体、民間団体などと協調しながら推進しています。

その意図は、「明治以降、近代国民国家への第一歩を踏み出した日本は、明治期において多岐にわたる近代化への取り組みを行い、国の基本的な形を築き上げていきました。内閣制度の導入、大日本帝国憲法の制定、立憲政

治・議会政治の導入、鉄道の開業や郵便制度の施行など技術革新と産業化の推進、義務教育の導入や女子師範学校の設立といった教育の充実をはじめとして、多くの取り組みが進められました。また、若者や女性等が海外に留学して知識を吸収し、外国人から学んだ知識を活かしつつ、単なる西洋の真似ではない、日本の良さや伝統を活かした技術や文化も生み出されました。政府では、『明治150年』を迎える平成30年（2018）を節目として、改めて明治期を振り返り、将来につなげていくため」（「政府広報」より）とされています。

また、国の動きと歩調を合わせて、関係県による「平成の薩長土肥連合」広域観光プロジェクトなどの動きもあります。

こうした中、『宮崎平野を開いた移住者たち』（杉尾良也著　鉱脈社）で次のような一節に出会いました。

　明治37年正月明け、愛知から住吉に移住してきた弥七は、腰までぬかる水田を購入し、「あぜを削り、溝を深く排水」し、「骨粉と油カスで地味をこやした。その年の秋、弥七はそれまでせいぜい10アール1俵そこそこの収穫しかなかった荒れ田から4俵をあげた。村人たちが目を見はる。一等水田でも5俵取れれば豊作だ。『住吉にいちみなり（行ってみろ）。あんげな田から4俵もとれたちげな。まこちえれこっちゃ』。村人たちは驚いたが、別に自分たちの田を改良する気配はない。雨が降ると『弥七んとこの油カスがわが田に流れちくる』と喜んだ。弥七はその無力さに声も出なかった」（p50〜51）。

その114年後、共同通信社の上野敏彦宮崎支局長は、「パクス・ロマーナ」（ローマの平和・筆者注）をもじって「パクス・ミヤザキ」と呼ばれている現在の宮崎を評し、重要課題が山積する中で、「地方交通をどう守るかといった問題についても政治の声はあまり聞こえてこない」「日向ボケに陥っている場合ではないのである」（平成30年1月21日付け宮崎日日新聞）とさえ言っています。

およそ1300年前の702年、713年に、薩摩、大隅が日向国から分離したわけですが、その後においても日向国の領主は、「日薩隅三州の太守」と呼ばれた時代もありました。にもかかわらず、明治維新において目立った功績がな

かったがゆえに、3つの格差の真っただ中に置かれることになった私たちは、今一度その悔しさを思い起こす時ではないでしょうか。

●気概と自己啓発

　明治の偉大な思想家福沢諭吉の『学問のすすめ』は、多くの示唆を私たちに与えてくれます。

　読み進めていくと、わが身に当てはまる部分が多々あります。例えば、怠惰に過ごした学生時代の自分はまさに「かつて自分自身の有様を反省したこともなく（中略）、自身の点検をしなかった」。県庁での政策形成に携わる中で見いだせた「知りたいことの全体像を把握し（鳥の目）、現実と向き合い（虫の目）、日々変動する時流を見極める（魚の目）」という方法は、まさに福沢が説く「物事の道理を知る」ところと軌を一にする考え方です。

　また現代を生き抜く上で参考となる考え方も多くあります。福沢は、外国との関係において「知の競争」によって国の地位を高めることができると説いていますが、これは現在の地方創生における、自治体の取り組むべき姿勢にも言えることです。他の自治体にはない自分の自治体の強みを把握して、志高く臨むことが必要です。また県全体が元気になるには、県民一人一人や企業一社一社が努力を積み上げなければなりません。そのためにはそれぞれが「気風を一掃し、独立の気概を持つ」ことが求められているのではないでしょうか。

　「自己啓発は、組織の目標と個人の要求を合致させる唯一の方法」です。人材育成の出発点は、経営者並びに社員双方の「自己啓発」による「気づき」であると言えます。

別　表

[別表１]　企業成長促進プラットフォームによる成長期待企業認定一覧
（地域中核的企業を含む）（平成30年５月末現在）

企業等名	所在地	業務の特徴、計画概要など	主な受賞歴など
㈱池上鉄工所	延岡市	優れた溶接技術をもとに、大型プラント・工場生産設備を、設計から加工、メンテナンスまで一貫して、全国から受注生産	・㉙攻めのIT経営中小企業百選 ・㉙地域未来牽引企業選定
㈱井崎製作所	新富町	新工場・新設備の導入等により社内一貫体制を構築し、ユニット製品製造業者へのステップアップを図り、全国からの受注をめざす	・㉙地域未来牽引企業選定
㈲一平	宮崎市	九州内で生産された穀物・砂糖を原材料にした「九州パンケーキ」を国内外に製造販売	・⑳宮崎の頑張る中小企業 ・㉕第１回地場もん国民大賞 ・㉖九州アワード大賞 ・㉙地域未来牽引企業選定
㈱オファサポート	宮崎市	独自に開発した「AIによる運転評価システム」を用いた高齢者運転サポートサービスの全国展開をめざす	・㉙第４回ヘルスケア産業づくり貢献大賞九州経済産業局長賞 ・㉙地域未来牽引企業選定
㈱くしまアオイファーム	串間市	独自の鮮度保持技術やキュアリングシステムなどを活用し、サツマイモを国内外に生産販売	・㉘はばたく中小企業等300社 ・㉙宮崎県中小企業大賞
㈱コア・クリエイトシステム	宮崎市	医師や看護師が病室からでもアクセスできる新電子カルテシステムを全国に開発販売	・㉙地域未来牽引企業選定
㈱サニーシーリング	都城市	高い品質と技術力により、「耐溶剤性ラベル」等を開発し、全国に製造販売	・⑳宮崎の頑張る中小企業 ・㉑グッドカンパニー大賞優秀企業賞
㈱システム技研	都城市	パワーデバイスの製造過程で用いる治具の独自技術「マスク成膜システム技術」により、国内外からの受注をめざす	・㉗宮崎県中小企業大賞 ・㉙地域未来牽引企業選定
㈱修電舎	延岡市	制御盤等の設計、製作、現場加工まで行う総合エレクトロニクス企業。新たに開発した水素発電機を国内外に製造販売	・㉙宮崎県中小企業大賞 ・㉙地域未来牽引企業選定
スパークジャパン㈱	宮崎市	HP・ECサイト・Webシステムなどの構築をネットワークも含め総合的に行う情報サービス業	・㉙地域未来牽引企業選定
㈱高嶺木材	日南市	幅広い設備と技術により、飫肥杉の原木供給から生産、出荷、配送までの一貫体制を持つ製材業	・⑱森林認証制度（SGEC）取得
日本情報クリエイト㈱	都城市	不動産ソフトウエア・建築関連ソフトウエア開発などの情報サービス業	・⑲宮崎の頑張る中小企業 ・㉙地域未来牽引企業選定
ミクロエース㈱	宮崎市	高精度表面処理や高耐食性表面処理などの技術により、高級車に使用される部品等の表面処理を受注	・㉙地域未来牽引企業選定
ミツワハガネ㈱	延岡市	航空機の降着装置部品製造の信頼を生かし、一般精密機械加工の全国からの受注をめざす	・㉕宮崎県中小企業大賞 ・㉙地域未来牽引企業選定
宮崎ひでじビール㈱	延岡市	県内産二条大麦で製造した麦芽を使用したビールYAHAZUを国内外に製造販売。新たにホップを含めたオール県産材料のビール開発をめざす	・㉕宮崎県中小企業大賞 ・㉘はばたく中小企業等300社 ・㉙ワールドビアアワード2017スタウト＆ポーター部門世界最高賞など多数 ・㉙地域未来牽引企業選定

企業等名	所在地	業務の特徴、計画概要など	主な受賞歴など
㈱宮防	宮崎市	畜舎、サイロ、生コン車など向けに、遮熱塗料「ファームバリア」を全国に販売	・㉔宮崎県中小企業大賞 ・㉙地域未来牽引企業選定
大和フロンティア㈱	都城市	竹・笹を原料とする粗飼料「笹サイレージ」を製造し、全国からの受注をめざす	・㉙地域未来牽引企業選定
吉田産業㈱	日南市	素材生産から製材、加工、燃料製造など木材加工にかかわる総合的技術により、国内外から受注獲得	・㉙地域未来牽引企業選定
㈱ワンステップ	宮崎市	国内シェアトップをめざし、約300種類の遊具のレンタル・企画・運営を行う	・㉙九州アントレプレナー大賞 ・㉙地域未来牽引企業選定

出典：宮崎県商工観光労働部公表資料等をもとに筆者作成
　注：「主な受賞歴等」については、マスコミ報道等によって筆者の知り得る範囲で記載しました。（以下、別表2、
　　　3において同じです）
　　　「地域未来牽引企業」とは、「地域内外の取引実態や雇用・売上高を勘案し、地域経済への影響力が大きく、成
　　　長性が見込まれるとともに、地域経済のバリューチェーンの中心的な担い手、及び担い手候補である企業」を
　　　経済産業省が選定するものです（経済産業省HPより）。
　　　なお、別表1及び次の別表2に掲げる企業のHPへは、（公財）宮崎県産業振興機構のHPからアクセスできます。
　　　○数字は受賞年または年度

［別表2］　企業成長促進プラットフォームによる支援対象企業一覧

（平成30年5月末現在）

企業等名	所在地	業　　種	主な受賞歴など
㈱青木商事	宮崎市	保険代理業、卸売業、飲食業	
㈱アシストユウ	宮崎市	情報サービス業（日常業務のシステム化・移動式ネットワークカメラなど）	
㈱イーブラン	延岡市	生産用機械器具製造業（イオン交換膜を使用した電解槽の設計製作など）	
㈱インタープロ	宮崎市	情報サービス業（独居老人見守りシステムなど）	
㈱加藤えのき	宮崎市	食料品製造業（えのき茸製造・販売）	
㈱キサヌキ	延岡市	家具・整備品製造業（別注家具・ガラス陳列ケースなど）	
㈱九建	宮崎市	総合工事業（土木工事・特殊洗浄工事など）	
㈱九州建設サポート	宮崎市	技術サービス業（測量・構造物診断・空撮業務など）	
㈱教育情報サービス	宮崎市	情報サービス業（学習用ソフトの製作販売など）	・㉘宮崎県中小企業大賞 ・㉘攻めのIT経営中小企業百選 ・㉘未来九州アワード大賞
㈱栗山ノーサン	都城市	食料品製造業（食肉加工販売など）	・㉙地域未来牽引企業選定
三和交通㈱	西都市	道路旅客運送業（コミュニティバス、子育て支援タクシーなど）	
三和ニューテック㈱	宮崎市	製造業（カードリーダーラーターなどを国内外に製造販売）	・㉙中小企業大賞
㈲塩川産業	宮崎市	産業廃棄物収集運搬業・中間処理業	

企業等名	所在地	業　　種	主な受賞歴など
㈱昭和	延岡市	金属製品製造業（金属部品加工・精密板金・溶接・医療福祉機器など）	
㈱新海屋	延岡市	食料品製造業（水産物の養殖加工販売など）	
㈲新垣ミート	宮崎市	食料品製造業（HACCP対応工場により輸出をめざす）、卸売業・小売業	
㈱新緑園	新富町	飲料製造業（茶生産加工）	・㉖㉗㉘全国茶品評会蒸し製玉緑茶部門農林水産大臣賞
㈱杉本商店	高千穂町	食料品製造業（原木干しシイタケ、干しタケノコなど）	
㈱SUNAO製薬	宮崎市	飲食料品小売業（化粧品・サプリメント・医薬部外品受託製造など）	
相馬工業㈱	宮崎市	生産用機械器具製造業（産業機械・ステンレス製缶機械など）	
㈱高千穂ムラたび	高千穂町	飲料製造業（乳酸菌甘酒「ちほまろ」等を国内外に製造販売）、旅館業等	・㉘ディスカバー農山漁村の宝特別賞
㈲財部とうふ店	都城市	食料品製造業（豆腐・厚揚げ・がんもなど）	
㈱千穂の家	高千穂町	宿泊業/その他の小売業（ホテル・レストラン、土産販売など）	
㈱デイリーマーム	宮崎市	食料品製造業（ごぼうチップス、弁当製造など）	・㉕優良ふるさと食品中央コンクール農林水産大臣賞 ・㉘はばたく中小企業等300社
㈱中園工業所	延岡市	製造業（五面加工機、高度溶接技術などにより、国内外向けのFPD・半導体製造装置の製作）	
ナンテック㈱	宮崎市	建設業（ボイラー等の製造据付工事）	
㈱新原産業	三股町	製造業（畜産資材の製造販売・畜舎設計建築）	・㉙地域未来牽引企業選定
㈱花菱塗装技研工業	延岡市	プラスチック製品製造業（プラスチック製品塗装、金属製品塗装、建築・鉄骨・橋梁塗装、焼付塗装など）	
原田建設㈱	宮崎市	職別工事業（解体工事、産業廃棄物処理など）	
㈱ビッグハウス	高原町	木材・木製品製造業（2×4パネルの製造・組み立てなど）	
㈱ひむか流通ネットワーク	宮崎市	情報サービス業（流通業向けシステム開発・運用支援など）	
㈱日向中島鉄工所	日向市	生産用機械器具製造業（食肉・食鳥処理機械の製作・組立据付など）	・㉗宮崎県中小企業大賞
㈱日向屋	門川町	食料品製造業（鶏肉・豚肉加工品惣菜の製造・販売など）	
ヒラサワプレシジョン㈱	宮崎市	金属製品製造業（超精密プラスチック金型の設計・製造・販売など）	
福栄産業㈱	西都市	製造業（園芸資材の製造販売・ビニールハウス設計建築）	
㈱フジキン	都城市	一般産業機器具製造業（ショーケース・冷凍冷蔵庫・厨房機器など）	
㈱ブルーオーシャン	宮崎市	食料品製造業（チョコレート・菓子など）	

企業等名	所在地	業　　種	主な受賞歴など
㈱マスコ	宮崎市	飲食業（ドレッシングの製造販売、飲食店経営など）	
松山塗料商事㈱	延岡市	建築材料・鉱物金属材料等卸売業（建築用塗料・工業用塗料・船舶用塗料など）	
㈱水永水産	門川町	食料品製造業（ちりめん、開き干し、丸干し、煮干し等の加工販売）	・⑳全国水産加工品総合品質審査会農林水産大臣賞
道本食品㈱	宮崎市	食料品製造業（天日干し大根たくあん・たくあん缶詰など）	・㉓食品産業優良企業等表彰農林水産大臣賞 ・㉖宮崎県中小企業大賞
宮崎高砂工業㈱	都城市	窯業・土石製品製造業（粘土瓦・陶器瓦等屋根材製造施工販売など）	・⑬『Ecoレンガ』グッドデザイン賞2001（経済産業省） ・㉑宮崎の頑張る中小企業
㈱宮崎南印刷	宮崎市	印刷・同関連業（印刷・出版事業、企画制作事業、WEB制作など）	
㈱MUSASHI	宮崎市	人材派遣業	
㈱MOMIKI	宮崎市	食料品製造業（ニンニク生産、加工販売）	
㈱モリタ	宮崎市	輸送用機械器具製造業（航空機部品、自動車部品、船舶関連など）	
ヤマエ食品工業㈱	都城市	食料品製造業（みそ・しょうゆ・ドレッシングなどを国内外に製造販売）	
㈱山崎産業	延岡市	建設業	
㈱ヤマシタアグシステム	三股町	飼料・有機質肥料製造業（飼料・有機肥料・畜産資材の製造販売）	
吉玉精鍍㈱	延岡市	製造業（精密金型部品への硬質クロムメッキなど）	

出典：（公財）宮崎県産業振興機構ＨＰ、各社ＨＰ等に基づき筆者作成
注：上表の企業は、宮崎県成長期待企業の認定をめざすための支援申込を行った企業のうち所定の基準を満たすとして選定された企業であり、企業成長促進プラットフォームが支援を行う対象となっている企業です（「（公財）宮崎県産業振興機構ＨＰ」より）。
　　○数字は受賞年または年度

［別表３］　別表１、２以外の本県中小企業の外貨獲得（海外展開）の取り組み例

企業等名	所在地	海外展開の概要	主な受賞歴など
アース建設コンサルタント㈱	宮崎市	ベトナムホーチミン市の短期大学等と提携し、日本の建設技術を学べる講座を開設	
アートジャパン㈱	宮崎市	自社製品の建設機械の路面保護用ゴムパッドを海外に販路を持つ国内建設機械メーカーに供給	
㈱アキタ製作所	日向市	おが粉製造機を製造し、国内外500カ所以上に納入	
㈱荒牧武道具木工所	都城市	国内シェア90％を占める都城木刀を製造し、国内武道具店を通じて世界に販売	
アルス㈱	小林市	園芸用刃物を欧州・北米・東アジア諸国に輸出	

企業等名	所在地	海外展開の概要	主な受賞歴など
アルバック機工㈱	西都市	小型真空ポンプ等を国内外に製造販売	・㉙地域未来牽引企業選定
㈱イート	宮崎市	サツマイモ加工品「キャライモ」を国内外に製造販売	
今釜屋	小林市	地元産梨を原材料にした「梨ダレ」などを国内外に製造販売	
㈱ウイント	西都市	世界各国で開催されるモーターショーに出展するショーカープロトタイプなどを製作	・㉕宮崎県中小企業大賞
ＳＰＧテクノ㈱	宮崎市	SPG膜応用機器製品やSPG膜乳化によるエマルション応用製品などを国内外に製造販売	
大山食品㈱	国富町	酢をベースとした辛味調味料「マーシー」をアメリカに輸出	
㈱落合酒造	宮崎市	生姜焼酎「利平GINGER」をアメリカに輸出	
㈱OMIJIKA	国富町	ブランディングデザインを宮崎と台湾で展開	
㈱かぐらの里	西都市	ゆず果汁や皮などのゆず加工品を国内外に製造販売	
㈱上沖産業	三股町	地元産原料の各種漬物を国内外に製造販売	・㉒宮崎県中小企業大賞
㈱川上木材	宮崎市	プレカットした建材と窓やドアなどを一棟分丸ごと製造販売	
KIGURUMI.BIZ㈱	宮崎市	有名キャラクターをはじめとした着ぐるみを国内外に製作販売	・㉘九州未来アワード女性地域貢献賞 ・㉙新ダイバーシティ経営企業100選
キムラ漬物宮崎工場㈱	新富町	漬物（主にたくあん漬け）加工品を国内外に製造販売	
九州オリンピア工業㈱	国富町	製造したバーナー等を国内外に展開	
㈱九州コガネイ	都城市	製造したエアバルブ等を国内外に展開	
㈲九南サービス	都城市	シイタケや自然・健康食品をインターネットやリアル店舗により、国内外に販売	・㉙地域未来牽引企業選定
京屋酒造㈲	日南市	芋焼酎や国産クラフトジンなどを国内外に製造販売	
㈱共立電照	宮崎市	ＬＥＤ等を国内外に製造販売	
清本鉄工㈱	延岡市	船舶用アンカーでは国内シェアの６割を占め、大型船舶用では世界最大のジャンボアンカーを製造するなど積極展開	・㉘環黄海経済・技術交流大賞 ・㉙地域未来牽引企業選定
㈱黒木本店	高鍋町	「百年の孤独」などの焼酎を国内外に製造販売	・㉙グッドカンパニー優秀企業賞
黒瀬水産㈱	串間市	養殖ブリをＥＵ等に生産販売	・㉙ASC認証取得
㈱興電舎	延岡市	自社開発製品の変圧器励磁突入電流抑制装置（インラッシュリミッター）などを国内外に製造販売	・㉖宮崎県中小企業大賞 ・㉘はばたく中小企業等300社
小玉酒造（合同）	日南市	杜氏潤平など芋焼酎を国内外に製造販売	
㈱コンフォートダイナー	宮崎市	和食飲食店「天晴」を台湾において経営	

企業等名	所在地	海外展開の概要	主な受賞歴など
佐藤焼酎製造場㈱	延岡市	麦焼酎などを製造し、国内外の財務優良企業・酒販店に限って取引を拡大	
㈱ＣＯＪ	新富町	各種自動省力機器を中国、インドネシア、アメリカ、チェコ、インド、韓国に製作・輸出	
ジャパンキャビア㈱	宮崎市	熟成キャビアを国内外に製造販売	・㉙日本ギフト大賞（ふるさとギフト最高賞）
㈱清和金属製作所	都城市	国内シェア92％の固定抵抗器用のキャップは、多くの輸出電器製品に使用	
千徳酒造㈱	延岡市	県内唯一の清酒専門メーカーとして、国内外に製造販売	・㉘全国新酒鑑評会金賞
㈱松明創研社	西都市	梅干し・梅ジャム等梅加工品を国内外に製造販売	
高千穂シラス㈱	都城市	シラス原料の壁材等をアメリカ、中国などに製造販売	・㉖ニッポン新事業創出大賞グローバル部門奨励賞
㈱ダーバン宮崎ソーイング	日南市	国内トップクラスのシェアを持つダーバンスーツを国内外で展開	・㉗「J∞クオリティ」の認証取得
虎コーポレーション㈱	都城市	回転寿司と海鮮和食。カナダバンクーバーなど海外に４店舗。	
長友味噌醤油醸造元	宮崎市	天然熟成味噌、醤油をシンガポール、香港に製造販売	
中森製薬㈱	宮崎市	動物用漢方薬を台湾に輸出。米国、EU、中国で特許取得	
南国興産㈱	都城市	自社開発のバイオマス発電装置をマレーシアに輸出	
㈱ニチワ	日南市	国内シェアトップクラスの自動車溶接用ナットを製造販売	・㉕グッドカンパニー優秀企業賞 ・㉙地域未来牽引企業選定
㈱日本武道宮崎	宮崎市	剣道防具をパリ、イタリアを拠点に世界20ヵ国に販売	
日本バイオフーズ㈱	宮崎市	西日本最大規模のサプリメント製造工場。国内外から受託	
㈱野崎漬物	宮崎市	最新の品質管理・鮮度保持システムによりフレッシュな漬物製品を国内外に製造販売	
㈱Heart Best	延岡市	妊娠中に聞いていた母親の心音ＣＤを国内外に製作販売	・㉑東京ビジネス・サミット大賞 ・㉙LED九州ファイナリスト
八興運輸㈱	日向市	県産の食品・製品等の輸出に向けた商社機能の強化を目的に、シンガポールに倉庫と配送業務の機能を持つ現地法人を設立	・㉙地域未来牽引企業選定
㈲花菱精板工業	延岡市	航空機内装品などの輸出向け製品の部品製作	
㈱ハマテック	西米良村	種苗生産から植林、出荷までの一貫生産した木材を生産販売。中国厦門市に関連会社立ち上げ	
早川しょうゆみそ㈱	都城市	海外向けのオーガニックみその製造を受託	
㈱富士食品	宮崎市	急速冷凍技術で製造した和菓子を国内外に製造販売	
古澤醸造（合名）	日南市	土蔵造りの醸造蔵で製造した芋焼酎「八重桜」などを台湾などに販売	

企業等名	所在地	海外展開の概要	主な受賞歴など
㈱ブルーバニーカンパニー	宮崎市	台北の企業と業務提携し、台湾内の自治体や企業に向けてコンサルティング業務を実施	
㈱ブンリ	都城市	金属加工時の切屑をろ過する超精密ろ過装置を国内外に製造販売。タイに事務所開設	・③グッドカンパニー全国表彰 ・⑱元気なものづくり中小企業300社選定
㈲豊緑園	新富町	日本茶・抹茶などを国内外に製造販売	
マツタ工業㈱	延岡市	樹脂加工用金型を国内外に製造販売	
ミツイシ㈱	日向市	蛤碁石の米国、ロシアへの輸出、さらには特約店契約の締結により中国などへの普及・拡販をめざす	
宮崎アスモ㈱	国富町	パワーウィンドウ、パワーシート等のモータを生産し世界の自動車メーカーに納入	
㈱宮崎ジャムコ	宮崎市	国内外の航空会社向けのファースト・ビジネスクラスのシート等を製作	
宮崎日機装㈱	宮崎市	CFRP（炭素繊維強化プラスチック）を使用した民間航空機の逆噴射装置部品「カスケード」を生産	
宮崎マルマン㈱	日南市	20カ国以上の国・地域にスケッチブックやノートなどを輸出	
森山工業㈱	延岡市	アメリカ、東南アジア、EUからのチタンなど特殊金属の塔・槽・配管案件などを受託	
安井㈱	門川町	プラスチック製手術器具（コーブライト）の製造販売、他各種医療用デバイスを立ち上げ、また医療用射出成形品事業を国内外に展開	・㉙地域未来牽引企業選定
柳田酒造（合名）	都城市	麦焼酎「青鹿毛」などを台湾などに輸出	
㈱やひろ丸	宮崎市	鮮魚を香港、シンガポールに販売	
大和工機㈱	都城市	大型クリーンルームを備え、輸出向け半導体・液晶製造装置、自動車関連製造装置などの製作を受注	
㈱吉川アールエフセミコン	新富町	インドネシアのビンタン島の量産工場において完成させた半導体チップなどをシンガポール経由で世界に展開	
㈲渡辺酒造場	宮崎市	自ら栽培した原料を中心に県産の原料のみを使用した芋焼酎「旭萬年」をアメリカなどに輸出	

出典：新聞報道等の公表資料、各社ＨＰ、取材などをもとに筆者作成
注 ：別表１、２以外にも、県外や海外からの「外貨獲得」に努力されている企業が数多くあります。その中から、別表３では、紙面の都合上、特に海外展開をされている中小企業※を、新聞報道等の公表資料、各社ＨＰ等をもとに、筆者の知り得る範囲で紹介いたしました。
中小企業とは、製造業・建設業・運輸業などの場合は資本金３億円以下又は従業員数300人以下、卸売業の場合は資本金１億円以下又は従業員数100人以下、小売業の場合は資本金5,000万円以下又は従業員数50人以下、サービス業の場合は資本金5,000万円以下又は従業員数100人以下と定義されています。（中小企業基本法第２条）
○数字は受賞年または年度

［別表４］　地域資源を活かした呼び込みの取り組み例

取組内容	地域資源の区分	地域資源の内容	地域（順不同）
「食」を活かした呼び込み	地域の気候風土に醸し出された伝統野菜など	佐土原ナス 黒皮カボチャ 内藤とうがらし へべず レンコン 糸巻き大根 いらかぶ 椿油 菜豆腐 麻尻大豆 鶴首カボチャ	宮崎市 宮崎市 延岡市 日向市など 新富町 西米良村 美郷町 宮崎市 椎葉村 高千穂町 西都市、小林市など
	特産物の主なもの	完熟きんかん マンゴー 日向夏 ごま	県内全域 宮崎市など 宮崎市など 三股町
	水産物の主なもの	カツオ炙り重 ふぐ丼 チョウザメ・キャビア	日南市 川南町 日南市・小林市など
	畜産物の主なもの	ミートツーリズム ジビエ	都城市 西米良村など
	その他のテーマ	飫肥食べ歩き	日南市
		ランチパスポート（鉱脈社）	県内全域
伝統芸能	かぐら	207カ所[1]	県内全域
神社仏閣	神社	約650カ所[2]	県内全域
	寺社		県内全域
自然の恵み	みやざきの巨樹100選	数百年にわたって地域を見守り続けた巨樹	県内全域
	悠久の森（25世紀の森）	平成元年から500年後の伐採をめざして植林されたカヤの木群	綾町
地域づくり	生き生き集落	元気な集落づくりに取り組む過疎集落134団体[3]	中山間地域
	ディスカバー農山漁村(むら)の宝	農事組合法人はなどう	高原町
		高千穂ムラたび	高千穂町
	農林水産祭むらづくり部門天皇杯	世代を超えて「水」に対する感謝の念を共有し郷土を守る田代地区	えびの市
	地域再生大賞[4]	まちづくりトロントロン（優秀賞） のべおか天下一市民交流機構（優秀賞） 小川作小屋村運営協議会（優秀賞） 染ケ岡地区環境保全協議会（優秀賞） 酒谷地区むらおこし推進協議会（準大賞） どんぐり1000年の村をつくる会（ブロック賞） 五ケ村むらおこしグループ（ブロック賞） 農事組合法人はなどう（優秀賞）	川南町 延岡市 西米良村 高鍋町 日南市 都城市 高千穂町 高原町
	地域づくりネットワーク	五ヶ瀬自然学校、ひむか感動体験ワールド、円回会、みやざきこども文化センター、みやこんじょ力車組合、やっちみろかい酒谷など240団体[5]	県内全域

取組内容	地域資源の区分	地域資源の内容	地域（順不同）
	フットパス*6	森林や田園地帯、古い街並みなど地域に昔からあるありのままの風景を楽しみながら歩くこと	延岡市 えびの市 椎葉村 五ヶ瀬町
建造物	建物	県庁本館	宮崎市
		県庁舎5号館	宮崎市
		木の花ドーム	宮崎市
		美々津重要伝統的建造物群	日向市
		日向駅舎	日向市
		飫肥城、飫肥城下町	日南市
		利根川重要伝統的建造物群	椎葉村
		もちなが邸	都城市
		服部邸	日南市
		旧吉松家住宅	串間市
	橋	照葉大吊橋	綾町
		世界最大級の支間を有する車道木橋「かりこぼうず大橋」	西米良村
	道	ひむか神話街道	9市町村
		記紀の道	西都市
建造物	トンネル	6.3kmの加久藤トンネル	えびの市
	ダム	日本で初めてとなる高さ100メートル級の大規模アーチダム「上椎葉ダム」	椎葉村
		ロックフィル方式の「天神ダム」	宮崎市
	河川	畳堤 観音瀬	延岡市 都城市
	鉄道	JR九州肥薩線真幸駅のスイッチバック構造*7	えびの市
その他の取組	スポーツ	スポーツランド サーフィン スキー	県内全域 県内海岸域 五ヶ瀬町
	農業体験などの教育旅行	北きりしま田舎物語推進協議会など	西諸全域
	山村留学*8	西都市立銀上学園	西都市
	ユネスコエコパーク	日本最大級の照葉樹自然林を中心とした地域　　　　　　　総面積14,580ha	綾町、小林市、西都市、国富町、西米良村
		九州最高峰級の山や渓谷、希少な動植物が生息する祖母・傾・大崩山地域　　　　　　　総面積243,672ha	延岡市、高千穂町、日之影町、大分県の一部
	世界農業遺産	針葉樹と広葉樹で構成されるモザイク林等による森林保全管理、伝統的な焼畑農業、急斜面に築かれた500km超の水路網を有する棚田の米作りなどの複合的農林業システムと神楽など特色ある伝統文化を継承する高千穂郷・椎葉山地域	高千穂町、日之影町、五ヶ瀬町、諸塚村、椎葉村

取組内容	地域資源の区分	地域資源の内容	地域（順不同）
	日本遺産	古代人のモニュメント〜大地に絵を描く―南国宮崎の古墳景観―	西都市、宮崎市、新富町
	大根やぐら	高さ約6mの木組み約250基につりさげられた1万本超の大根	宮崎市（田野町、清武町）
	霧島ジオパーク	宮崎県と鹿児島県にまたがる北西−南東方向に長い30km×20kmの範囲に分布する20あまりの火山のあつまりである霧島山を中心とした地域	都城市、小林市、えびの市、高原町、鹿児島県の一部
	森林セラピー基地	森林セラピー基地構想（林野庁）に基づき2006年から具体化された「科学的エビデンスを持ち，予防医学的効果を目指す森林浴」が行える場所	日南市 日之影町 綾町
	その他の呼び込む資源	口蹄疫メモリアルセンター 平和学習資源（陸軍飛行学校跡、海軍航空隊跡、隼・B29慰霊碑、遺族会館など）	高鍋町 国富町六野原、宮崎市赤江、高千穂町
	産業観光（提案）	その地域特有の産業に係るもの（工場、職人、製品など）、昔の工場跡や産業発祥の地などの産業遺構を観光資源とする旅行（「JTB総合研究所」より）	県内全域

＊1：「宮崎の神楽」（宮崎県）。　＊2：平成18年4月現在　＊3：平成30年5月末現在
＊4：地域づくりに取り組む団体にエールを送ろうと、地方新聞社共同通信社が2010年度に創設（「47NEWS」より）。
＊5：平成30年5月末現在　＊6：イギリス発祥
＊7：険しい斜面を登坂・降坂するため、ジグザグに敷かれた鉄道線路
＊8：自然豊かな農山漁村に、小中学生が一年間単位で移り住み、地元小中学校に通いながら、様々な体験を積む活動
出典：各種資料を基に筆者作成
　注：上記以外にも、数多くの呼び込む地域資源があります。本文でも触れましたが、あらゆる資源が「呼び込む」資源になりえます。「外部の目」も活用しながら、経済的価値を持つものに磨き上げ、積極的にPRすることが求められています。

おわりに
conclusion

「私たちが日々消費・購買する商品について、どの地域からもたらされたのかを意識する機会は少ない。しかし、その流れに目を向けることは、県民経済の行く末を論じる上で非常に重要である」（平成27年５月３日付け宮崎日日新聞）と宮崎産業経営大学の福本拓准教授は言っておられます。

　本文でも触れましたが、平成23年における８兆4,920億円という経済規模は、113万県民の生活、５万数千に及ぶ事業所の活動の積み上げの結果です。

　県民や企業経営者の皆様には、日々の生活や活動が県民経済のどこに位置するのか、是非、興味・関心を持っていただきたいと思います。また、将来の県経済の行く末をご自身の生活や企業経営との関わりの中で、考えていただきたいと思っています。

　本県の人口流出の主要因は、若者層にあり、近年の流出先は、東京圏域と福岡県に二極化しています。この原因をきめ細かく分析し、効果的な対策を講じることが求められますが、まず確認すべきことは、若者に魅力ある雇用の場の創出を、単なる「働く場」ではなく、「定住し、家庭を持ち、子供を育てられる程度の所得が稼げる魅力ある雇用の場」の創出、そのために、地域の「稼ぐ力」を強くすることが重要だということです。

　宮崎県においては、（民営、非一次産業の）企業数36,944のうち99.9％の36,909が中小企業で占められています。また、常用雇用者数208,318人のうち中小企業は92.5％の192,633人となっています（中小企業白書2016）。このように、中小企業は、企業数においても、従業者数においても本県産業の重要な大部分を占めています。重要な「社会インフラ」であり、本県経済を支える「屋台骨」といっても差し支えありません。

　本県企業の太宗を占める中小企業の皆様が元気になることが、本県経済の活性化への道であると断言できます。宮崎に本社を持つことに誇りと気概を持って進んでいただきたいと思っています。

　急速な人口減少というかつて経験したことのない社会変化を前に、ひるむことなく立ち向かっていくためには、時代の流れやニーズを敏感にとらえる「魚の目」と、現場の実態や課題をとらえようとする「虫の目」、全体の中での位置づけを考える「鳥の目」が必要です。「自己啓発」という私たちの不断の努力がますます必要となっています。

　最後に、本書も、宮崎県統計調査課の皆様をはじめ、宮崎市に本社を置く鉱脈社の川口社長や社員の皆様のご理解・ご協力によって出来上がりました。心から感謝いたしますとともに、鉱脈社におかれては、宮崎に根づいた出版社としてますます発展されますことを祈念する次第です。

　　平成30年夏　　　　　　　　　　　　　　　　　　　　　緒　方　哲

緒 方　哲（おがた　さとし）

昭和28年9月　宮崎県国富町に農家の長男として生まれる
昭和53年3月　国富町立北俣小学校　八代中学校　県立宮崎大宮高校を経て
　　　　　　　京都大学法学部卒業後、宮崎大学教育学部聴講生となる
昭和54年4月　宮崎県臨時職員（昭和54年1月から）を経て宮崎県庁入庁
　　　　　　　青少年婦人課、延岡県税事務所、中小企業庁計画課地域中小企業
　　　　　　　振興室地場産業振興係長、商工振興課、企画調整課、秘書課秘書
　　　　　　　（松形知事）、秘書課秘書係長、地方課財政係長、財政課財政主幹、
　　　　　　　秘書課課長補佐、農政企画課課長補佐
平成17年4月　東京事務所次長
平成19年4月　秘書広報課長（東国原知事）
平成21年4月　農政水産部次長
平成23年4月　県民政策部次長
平成24年4月　監査事務局長
平成26年4月　（公財）宮崎県産業振興機構副理事長
平成29年4月より同理事長

主な役職（平成30年5月末現在）
宮崎市総合計画審議会委員
宮崎広域連携推進協議会委員
（公財）全国中小企業取引振興協会理事
（公財）宮崎県機械技術振興協会評議員
（一財）一樹工業技術奨励会理事
（一社）食の安全分析センター理事

主な資格等
実用英語検定準1級（2000年7月）
地方監査会計技能士（CIPFA Japan）（2014年8月）

著　書
『新しい地場産業の創造』（東洋法規出版）（中小企業庁計画課監修）（共著）
『新事業転換法の解説』（ぎょうせい）（中小企業庁計画課編）（共著）
『外貨を稼ぎ循環をおこす』（鉱脈社）

「みやざき」は可能性に満ちている

『外貨を稼ぎ循環をおこす』[改訂増補版]

2018年8月25日 初版発行
2022年3月18日 4刷発行

著　者　緒方　哲 ©

発行者　川口敦己

発行所　鉱　脈　社
　　　　〒880-8551　宮崎市田代町263番地　電話0985-25-1758
　　　　郵便振替 02070-7-2367

印刷·製本　有限会社 鉱 脈 社